بسم الله الرحمن الرحيم

SEMERKAND
Köln 2019

SEMERKAND

info@erolmedien.de

ISBN: 978-3-95707-067-8

Autor: Selim Uğur

Redaktion: Salih Yılmaz
İsmail Korkmaz

Lektorat: Ali Ihsan Weiger

Originaltitel: Peygamberim (s.a.v) - Efendimiz'in Örnek Ahlâkı

Erstauflage

Druck:

Sistem Matbaacılık / İstanbul

Bildquellen:

© imran - stock.adobe.com, © Albisoima - stock.adobe.com

EROL MEDIEN

Erol Medien GmbH
Kölner Str. 256
51149 Köln

Tel: +49(0) 2203/ 36 94 90
Fax: +49(0) 2203/ 36 94 910

E-Mail: info@erolmedien.de
Web: www.erolmedien.de
www.semerkandonline.de

Vom schönen Charakter

Muhammeds

Salla Allahu aleyhi we sellem

Inhalt

Das Schema'il des Gesandten Allahs (s.a.w.s.)

„Schema'il" bedeutet „Zustand, Auftreten, Charakter, Verhalten" und ist die Mehrzahl von „Schemal". Wenn von dem *Schema'il* des Propheten (s.a.w.s.) gesprochen wird, meint man damit sowohl die Beschreibung seiner äußeren Erscheinung als auch die Charakterisierung seiner menschlichen Seite. Viele große Gelehrte des Islam befassten sich mit dem Schema'il des Propheten (s.a.w.s.) und verfassten eigene Werke darüber, so zum Beispiel Et-Tirmidhi (rah.) und El-Qadi el-Iyad (rah.).

Die Vollkommenheit der inneren und äußeren Beschaffenheit des Gesandten Allahs (s.a.w.s.) kleidete Yunus Emre (q.s.), der große osmanische Dichter und Mystiker, in folgende Verse:

O Muhammed!
Mein Leben
Würd ich für dich geben!
O Muhammed!
Dein Name ein Wohlklang,
Dein Wesen so schön!

Bereits die Propheten und Gesandten vor ihm wussten, wie der Gesandte Allahs (s.a.w.s.) aussehen wird und beschrieben seine äußere Erscheinung, seinen wohlgeformten Körper und seine besonderen körperlichen Merkmale voller Bewunderung. Seine Gefolgsleute jedoch durften dies alles mit eigenen Augen bewundern und der Nachwelt überliefern. Aber auch jene Gläubigen, denen diese besondere Gnade nicht zuteilwurde, werden seine Schönheit bis zum Jüngsten Tage voll des Lobpreises in ihrem Munde führen.

Von den Prophetengefährten wurde uns sein erhabenes Äußeres folgendermaßen beschrieben:

Das ebenmäßige Gesicht des Gesandten Allahs (s.a.w.s.) war leicht rundlich, nicht zu lang und nicht zu breit und erstrahlte im göttlichem Licht. Die Schönheit seines Antlitzes erfüllte das Innere seiner Betrachter gleichzeitig mit respektvoller Ehrfurcht und absolutem Vertrauen.

Der Prophetengefährte Dschabir Bin Semurah (r.a.) durfte die Schönheit des Gesandten Allahs (s.a.w.s.) mit eigenen Augen bezeugen und sprach:

> *„Ich sah den Gesandten Allahs (s.a.w.s.) in einer sternenklaren Nacht. Er war in ein Gewand gehüllt. Ich betrachtete ihn und ich betrachtete den Mond, doch meinen Augen erschien er schöner als der Mond!"* [1]

Der Bart des Gesandten Allahs (s.a.w.s.) war schwarz und dicht und verlieh ihm Würde und Erhabenheit. Sein Barthaar war ein wenig gewellt, weder vollständig gelockt noch gänzlich glatt. Seine Augen waren groß und dunkel und das Weiße darin hatte einen leichten Rotstich. Ihre einzigartige Ausstrahlung erhielten seine Augen aber auch durch seine von Natur aus dunklen Unterlider, die er zusätzlich dazu auch noch mit Antimon schwarz färbte.

Sein Kopf war eher groß und sein Haupthaar – ebenso wie sein Barthaar – weder stark gelockt noch vollkommen glatt, sondern etwas gewellt. Er ließ sein Haar bis zu den Ohrläppchen hinabwachsen, bevor er es schnitt, kämmte es häufig und ölte es ein. Seine Stirn war breit und hoch und glänzte an beiden Seiten. Seine geschwungenen Augenbrauen waren lang und schmal. Wenn er wütend wurde, schwoll die Ader zwischen seinen beiden Augenbrauen an. Seine ansehnliche Nase war schmal und wohlgeformt und wurde in ihrer Mitte von einem leichten Nasenhöcker gekrönt.

---

1 Ed-Darimi: El-Musned: El-Muqaddemeh: Fi Husni Nebiyy (s.a.w.s.); Nr. 62.

Als einmal in der Gegenwart unserer ehrenwerten Mutter Aischa (r.a.) davon berichtet wurde, wie sich die ägyptischen Frauen bei der Betrachtung der Schönheit des Propheten Yusuf (a.s.) vor lauter Verzückung mit jenen Messern, die ihnen zum Zerteilen ihrer Speisen gereicht wurden, in die Finger schnitten, antwortete Aischa (r.a.) darauf in Form eines Gedichts:

„Wär in Ägypten die Schönheit
der Wange Muhammeds (s.a.w.s.) bekannt,
hätte Zuleykha auf dem Markt nicht
die Schönheit Yusufs (a.s.) erkannt!

Und hätte die Frauen ein Blick auf
die Stirn Muhammeds (s.a.w.s.) ereilt,
hätten sie sich nicht in die Hände geschnitten,
sondern ihre Herzen zerteilt!“[2]

Der Prophet (s.a.w.s.) war von mittlerer Größe, nicht zu klein und nicht zu groß, dabei aber dem Größeren etwas näher als dem Kleineren. Sobald er jedoch neben einer anderen Person herging oder sich in einer Menschenmenge aufhielt, schien es, als überrage er alle Menschen um ihn herum. Seine Zeitgenossen betrachteten dies als ein Wunder.

Sein Hals war wohlgeformt und von ebenmäßiger Eleganz und wenn er sich mit jemandem unterhalten wollte, drehte er sich diesem nicht nur mit seinem Gesicht, sondern mit seinem gesamten Körper zu.

Sein Gesicht glänzte und war leicht gerötet. Auch sein Körper war hell, nahm aber an heißen Tagen manchmal eine rötliche Farbe an.

---

2 Scherhul Alametu Zerqaniyy: A’ischeh Ummul Mu’minin (r.a.); Band 4, Seite 390.

Seine Hand- und Fußgelenke, Ellbogen und Knie waren stabil und kräftig und seine Schultern breit. Zwischen seinen Schulterblättern befand sich – auf Höhe seines Herzens – das Siegel seines Prophetentums. Seine Hände waren kräftig und groß und seine Handflächen breit. Auch seine Finger waren breit, aber von durchschnittlicher Länge. Wie seine Hände waren auch seine Füße groß und von ebenmäßiger Gestalt, wobei seine Fußsohlen glatt und samtweich waren. Er lief weder auf den Fersen noch auf den Fußspitzen, sondern hob beim Gehen seine Füße kraftvoll vom Boden ab, um sie anschließend dort wieder im Ganzen aufzusetzen.

Er war weder zu dick noch zu dünn, sondern sein Bauch lag mit seiner Brust auf einer Linie und stand also nicht über diese hervor. Von seiner Brust lief ein schmaler Streifen von Brusthaaren bis zu seinem Bauchnabel hinab. Sein gesegneter Mund war weder zu groß noch zu klein und seine strahlend weißen Zähne standen nicht eng beieinander, sondern wurden von kleinen Zwischenräumen geziert. Er pflegte seine Zähne häufig mit den Zweigen des Zahnbürstenbaums (Miswak) und sprach sehr deutlich und für jedermann verständlich.

Beim Sitzen saß er gerne auf einem Kissen und wechselte hierbei ab und an die Position, wobei er das Kissen manchmal auf die rechte und manchmal auf die linke Seite legte, um sich daran anzulehnen. Beim Essen pflegte er sich jedoch nicht anzulehnen.

Seine Körperglieder waren wohlgestaltet, ebenmäßig und anmutig. Seine Schönheit stach jedermann auf den ersten Blick ins Auge und sein Licht verfehlte auf niemanden seine Wirkung.

Der Prophetengefährte Hasan Bin Thabit (r.a.) schrieb in einem seiner Gedichte hierzu:

„Kein Aug erblickt je etwas Anmut'geres als dich,
kein Weib gebar je etwas Hübscheres als dich!"[3]

---

3 Diwan Hasan Bin Thabit: El-Qasideh: Khaleqte ma tescha; S. 21.

Das Edeb des Gesandten Allahs (s.a.w.s.)

Der Erhabene Allah beschreibt den Erschaffungszweck des Menschen im Edlen Quran folgendermaßen:

„Und Ich erschuf die Dschinnen und die Menschen einzig Mir zu dienen!“[4]

Der Erhabene Allah entsandte im Laufe der Geschichte immer wieder Propheten zu den Menschen, um diesen den Sinn ihrer Erschaffung zu erklären. Der Gesandte Allahs (s.a.w.s.) aber war der letzte all dieser Propheten. Und da mit ihm die Entsendung von Propheten ihren Abschluss fand, bezeichnet man ihn auch als „Siegel der Propheten“.

Gleichzeitig mit der Entsendung des Siegels der Propheten erlangte die Menschheit die höchste Stufe der Vollkommenheit, denn der Gesandte Allahs (s.a.w.s.) vereinte alle nur denkbaren lobenswerten Eigenschaften in seiner Person. Selbst seine schlimmsten Feinde bestritten dies nicht und erkannten an, dass er über einen außergewöhnlich guten Charakter verfügte.

Seine Angehörigen der Ehlul Beyt[5] wandelten sich unter dem Einfluss seiner segensreichen Gegenwart genauso zu unerreichbaren Sternen am Himmel des vorbildlichen Charakters, wie seine restlichen Gefährten. Sein Leben, sein Charakter und seine Art der Verrichtung der Ibadeh werden bis zum Jüngsten Tage das Vorbild für alle Gläubigen bleiben, genauso wie es der Erhabene Allah im Edlen Quran verlautbaren lässt:

„Ihr habt ja im Gesandten Allahs ein schönes Vorbild, (und zwar) für einen jeden, der auf Allah und den Jüngsten Tag hofft und Allahs viel gedenkt.“[6]

---

4 51. Sura: Edh-Dhari'at, Vers 56.

5 Die „Ehlul Beyt“ ist die Hausgemeinschaft des Propheten (s.a.w.s.).

6 68. Sura: El-Qalem, Vers 4.

Über den Vorzug der Erlangung eines guten Charakters sagte der Gesandte Allahs (s.a.w.s.) einmal zu seinen Gefährten:

> *„Am Tage der Auferstehung wiegt keine Sache auf der Waage des Gläubigen schwerer, als der gute Charakter. Und wahrlich zürnt Allah jenem, der schamlos ist und andere geringschätzt!"*[7]

Der Gesandte Allahs (s.a.w.s.) befahl nie Dinge, die er selbst nicht vorlebte. Enes Bin Malik (r.a.), der sein Leben in den Dienst des Gesandten Allahs (s.a.w.s.) gestellt hatte, beschrieb dessen Edeb folgendermaßen:

> *„Ich diente dem Gesandten Allahs (s.a.w.s.) über Jahre hinweg. Er beschimpfte mich nie, schlug mich nicht ein einziges Mal, jagte mich nie davon, blickte mich nie finster an und tadelte mich auch dann nicht, wenn er mir etwas befahl und ich dem nur zögerlich nachkam. Und wenn mich einer seiner Familienangehörigen tadelte, sagte er: „Lasst ihn! Wenn es möglich gewesen wäre, wäre es geschehen!""*[8]

Und der Prophetengefährte Sa'd Bin Hischam (r.a.) berichtet:

> *„Ich ging zu Aischa (r.a.) und sagte zu ihr: „O Mutter der Gläubigen! Erzähle mir vom edlen Charakter des Gesandten Allahs (s.a.w.s.)!"*
>
> *Sie erwiderte mir: „Sein Charakter war gleichbedeutend mit dem Quran. Hast du denn im Quran etwa nicht die Aussage des Erhabenen Allah gelesen: **„Wahrlich verfügst du über einen großartigen Charakter!""***
>
> *Und als ich daraufhin zu ihr sagte: „Ich möchte ein Leben in Keuschheit und Selbstentsagung führen!", entgegnete sie mir: „Tu das nicht! Hast du denn nicht (im Quran) gelesen: **„Ihr habt***

---

7 Et-Tirmidhi: Sunen: El-Birr we Sileh: Ma dscha'e fi Husnil Khuluq; Nr. 2002.

8 Ebu Nu'aym el-Esbahani: Dela'ilu Nubuwweti: 12: Dhikru ba'di Ekhlaqihi; Nr. 124.

***doch im Gesandten Allahs ein gutes Vorbild!"*[9] *Der Gesandte Allahs (s.a.w.s.) heiratete und man gebar ihm Kinder!"*

Unser Allmächtiger Herr lobte den edlen Charakter des Propheten (s.a.w.s.) in folgendem Vers:

„Wahrlich verfügst du über einen großartigen Charakter!"[10]

Weil der Erhabene Allah mit diesem Lob Seinem Gesandten (s.a.w.s.) Persönlich Seine Ehre erweist, sagen die großen Gelehrten über jenen Lobpreis, den die Gläubigen auf den Propheten (s.a.w.s.) ausbringen: *„Wen der Erhabene Allah lobt, den können wir nicht auf angemessene Weise loben!"*

Hasan Bin Thabit (r.a.) verfasste hierzu folgende Zeilen:

„Nicht meine Worte sind es, die Muhammed (s.a.w.s.) loben,
sondern durch Muhammed (s.a.w.s.) werden meine Worte zum Lob erhoben!"[11]

Der Gläubige kann die Glückseligkeit beider Welten nur erlangen, indem er sich den edlen Charakter des Gesandten Allahs (s.a.w.s.) zu Eigen macht. Denn der Gesandte (s.a.w.s.) ist es, der die Menschen bis zum Tag der Auferstehung führen und ihnen zum Heil verhelfen wird. Wer ihm keine Beachtung schenkt, wird aus seiner Schönheit, seinem Segen und seinem Nutzen, den er für die gesamte Menschheit bereithält, keinen Profit ziehen können. Hierbei sorgt bereits das bloße Desinteresse an seiner Person dafür, dass man sich im Verlust befindet.

---

9 33. Sura: El-Ehzab, Vers 21.

10 68. Sura: El-Qalem, Vers 4.

11 Mel'il Aybeti bima dscheme'a bi Tulil Ghaybeti: Salatu fihi efdal min elfi Salati fi ma siwa.

Abdullah Bin Umer [r.a.] überliefert hierzu:

> *„Ich befand mich gerade beim Gesandten Allahs [s.a.w.s.], als ein Mann von den Ensar zu ihm kam, ihn mit dem Friedensgruß begrüßte und anschließend fragte: „O Gesandter Allahs! Wer unter den Gläubigen ist der Vortrefflichste?“*
>
> *Er antwortete ihm: „Jener unter ihnen, der den besten Charakter hat!“"*[12]

12 Ibn Madscheh: Sunen: Ez-Zuhd: Dhikrul Mewt wel Isti'adad; Nr. 4259.

Die Bescheidenheit des Gesandten Allahs (s.a.w.s.)

Ein bescheidener Mensch gibt sich stets demütig, tritt nie gegenüber seinen Mitmenschen arrogant oder hochmütig auf und ist sich stets seiner Dienerschaft gegenüber dem Erhabenen Allah bewusst.

Der Erhabene Allah erschuf das gesamte Universum allein aus Liebe zu Seinem Gesandten (s.a.w.s.). In diesem Sinne wird dieser vom Erhabenen Allah gemäß einer berühmten Aussage der Welis (Gottesfreunde) folgendermaßen angesprochen:

> *„Wenn du nicht wärst, wenn du nicht wärst, hätte Ich die Gestirne nicht erschaffen!"*[13]

Er ist der Prophet des Islam und das Oberhaupt der Muslime. Nie nutzte er seinen Ruhm und seinen Erfolg dafür, sich persönlich zu bereichern und nie legte er in Wort oder Tat Arroganz und Hochmut an den Tag. Seinen Aussagen und Taten lag stets tiefe Demut zugrunde; dies war einer seiner hervorstechendsten Charakterzüge.

Diese enorme Bescheidenheit des Gesandten Allahs (s.a.w.s.) beschrieb der Prophetengefährte Ebu Musa el-Eschari (r.a.) wie folgt:

> *„Der Gesandte Allahs (s.a.w.s.) pflegte auf Eseln zu reiten, Kleidung aus Wolle zu tragen, Schafe zu melken und Einladungen anzunehmen."*[14]

Der Prophet (s.a.w.s.) erledigte seine Arbeit lieber selbst, anstatt diese von anderen erledigen zu lassen. Er flickte selbst seine

13 El-Adschluni: Keschful Khafa, Band 2, S. 164; Nr. 2123.

14 El-Beyheqi: Dela'ilu Nubuwweh: Dhikru Ekhbar ruwiyet fi Schema'ilihi; Band 1, Seite 329.

Kleidung, putzte selbst seine Wohnung, molk selbst seine Ziegen, band selbst seine Kamele an und fütterte selbst seine Tiere. Und dies sind nur ein paar wenige Beispiele für seine tiefe Bescheidenheit in seinem Handeln.

Umer Bin el-Khattab (r.a.) berichtet:

> *„Ich trat beim Gesandten Allahs (s.a.w.s.) ein, während dieser auf einer (dünnen) Matte lag. Ich setzte mich und er richtete seinen Lendenschurz zurecht. Er hatte nichts anderes an. Und auf einmal (sah ich da), dass die Matte Spuren auf seiner Seite hinterlassen hatte. Dann sah ich mit eigenen Augen, dass sich in der Vorratskiste des Gesandten Allahs (s.a.w.s.) nur eine Handvoll Gerste befand und etwa dieselbe Menge an Akazienfrüchten (lag) auf einer Seite des Zimmers. Außerdem hing da noch ein Stück Fell. Bei (diesem Anblick) füllten sich meine Augen mit Tränen. Er fragte: „Warum weinst du, o Ibn el-Khattab?" Ich antwortete: „O Prophet Allahs! Wie sollte ich nicht weinen, wo doch diese Matte Spuren an deiner Seite hinterließ und ich in dieser deiner Vorratskiste nichts anderes sehe, als das, was ich sehe und die Kaiser und Könige (der anderen Staaten) inmitten von Fruchtgärten und Bächen leben, während du, der Gesandte Allahs (s.a.w.s.) und Sein Auserwählter bist und dies hier deine Vorratskiste ist!" Da erwiderte er: „O Ibn el-Khattab! Bist du etwa nicht damit zufrieden, dass uns das Jenseits ist, ihnen aber das Diesseits?!""* [15]

Und Ibn Abbas (r.a.) berichtet über den einfachen Lebensstil des Gesandten (s.a.w.s.):

> *„(Der Gesandte Allahs (s.a.w.s.)) pflegte auf dem Boden zu sitzen, auf dem Boden zu essen, Schafe zu melken und die Einladung eines Sklaven anzunehmen, der ihn zu einem Gerstenbrot einlud!"* [16]

---

15 Muslim: Et-Talaq: Fil Ila'i we I'tizali Nisa; Nr. 1479.

16 Et-Taberani: El-Mu'dschemul Kebir: Babu Tä'i: Ikhtilafu anil E'mesch; Nr. 12337.

Der Gesandte Allahs (s.a.w.s.) schenkte jedem seiner Mittmenschen seine Aufmerksamkeit und unterhielt sich mit ihnen ohne Standesdünkel, egal ob es sich bei ihnen um Familienangehörige, Freunde, Fremde oder gar Feinde handelte. Einem Fremden, der beim Anblick seines würdevollen Äußeren voller Ehrfurcht zu zittern begann, nahm er mit folgenden Worten die Anspannung:

> *„Sei unbesorgt! Ich bin kein Herrscher. Ich bin der Sohn einer Frau vom Stamme der Quraysch, die Trockenfleisch aß."*[17]

Der Erhabene Allah erniedrigt die Stolzen und Hochmütigen und erhöht die Furchtsamen und Demütigen....

---

17 El-Heythemi: Medschma'u Zewa'id we Membe'il Fewa'id: Alametu Nubuwiyyeh: Fi Tewadi'uhu (s.a.w.s.); Nr. 14220.

Die Sanftmut des Gesandten Allahs (s.a.w.s.)

Wenn eine Person den Charakterzug der Sanftmut aufzuweisen hat, ist sie ihren Mitmenschen gegenüber vergebend und tolerant und legt im Umgang mit ihnen jederzeit ein kultiviertes Verhalten an den Tag.

Der Gesandte Allahs (s.a.w.s.) zürnte niemals für sein eigenes Ego, sondern zog es stets vor, seinen Gegnern und Feinden zu vergeben. Nie ließ er sich von seinen Gefühlen dazu hinreißen, die Ruhe zu verlieren. Ereignete sich in seiner Gegenwart etwas, das ihm missfiel, begegneter er dem voller Geduld und Unaufgeregtheit und verlor dabei nicht seine Würde und Sanftmut. Machten seine Mitmenschen Fehler, war er für sie voller Vergebung. Unzählige Berichte zeugen von der Sanftmut des Gesandten Allahs (s.a.w.s.), aber am meisten bekamen natürlich jene Menschen seine Sanftmut zu spüren, die ihm am nächsten waren und mit ihm unter einem Dach lebten. Darum sollen sie hier bevorzugt zur Sprache kommen.

So berichtet beispielsweise Enes Bin Malik (r.a.):

> *Ich diente dem Propheten (s.a.w.s.) zehn Jahre lang und er tadelte mich nicht dafür, wenn ich eine seiner Anordnungen nur zögerlich befolgte oder ganz vergaß. Und wenn mich einer seiner Familienangehörigen tadelte, sagte er: „Lasst ihn! Wenn es möglich gewesen wäre, wäre es geschehen!“"*[18]

Der Gesandte Allahs (s.a.w.s.) verhielt sich so sanftmütig gegenüber seinem Bediensteten Enes (r.a.), dass er diesem innerhalb jener zehn Jahre, in denen er in seinem Dienst stand, nicht einmal Vorwürfe machte und zu ihm Dinge sagte, wie: „Warum hast

---

18 Ahmed: El-Musned: Musnedul Muketherine mine Sahabeh: Musned Enes Bin Malik (r.a.); Nr. 13418.

du dies und jenes noch nicht erledigt!? Warum hast du diese oder jene Sache so und nicht anders gemacht!?“

Enes Bin Malik (r.a.) berichtet uns folgendes Erlebnis aus seiner Kindheit:

> *„Eines Tages schickte mich (der Prophet) los, damit ich etwas für ihn erledige. Ich aber sagte: „Bei Allah! Ich gehe nicht!“ In meinem Inneren aber wollte ich schon losgehen und erledigen, was mir der Prophet (s.a.w.s.) aufgetragen hatte. Also verließ ich das Haus. Auf dem Markt stieß ich jedoch auf einige spielende Kinder (und da spielte ich mit). Plötzlich bemerkte ich die Hand des Gesandten Allahs (s.a.w.s.) auf meiner Schulter und als ich ihn da anblickte, lachte er und sprach: „Mein lieber Enes! Bist du etwa doch losgegangen, um zu erledigen, was ich dir aufgetragen hatte?“ Ich erwiderte (ihm): „Ja, ich gehe jetzt, o Gesandter Allahs!““*[19]

Diese Überlieferungen geben uns Einblicke in das sanftmütige Gemüt des Gesandten Allahs (s.a.w.s.). Die Beduinen jener Zeit pflegten hingegen deutlich rauere Sitten. Diese Menschen verbrachten die meiste Zeit in der Wüste, fernab jeglicher Zivilisation, und daher ist es nicht verwunderlich, dass manche von ihnen durch ihr ungehobeltes Verhalten besonders unangenehm auffielen. So kam es etwa vor, dass einer von ihnen einfach in die Moschee urinierte oder ein anderer von ihnen den Gesandten Allahs (s.a.w.s.) anschrie, um von ihm Wegverpflegung einzufordern. Aber auch wenn die Toleranzschwelle der Prophetengefährten hierbei gelegentlich überschritten wurde, hielt sie der Gesandte (s.a.w.s.) stets davon ab, ihren Unmut gegenüber den Beduinen Luft zu machen.

Einer dieser Beduinen zog so fest am Gewand des Gesandten (s.a.w.s.), dass dieses zerriss und eine Hautabschürfung an sei-

---

19 Muslim: El-Feda'il: Kane Rasulallah (s.a.w.s.) ehsanu Nas Khuluqan; Nr. 2310.

nem Hals hinterließ. Daraufhin forderte Abbas (r.a.), der Onkel des Gesandten Allahs (s.a.w.s.), für diesen einen Thron zu errichten, um hierdurch eine Distanz zwischen ihm und seinen Besuchern herzustellen und derartige Vorfälle in Zukunft zu vermeiden. Der Gesandte (s.a.w.s.) entgegnete ihm jedoch auf diesen Vorschlag Folgendes:

> *„Bei Allah! Solange ich unter ihnen weile, werden sie mit mir an meinem Gewande (zerrend) diskutieren und ich werde solange von ihnen eingestaubt werden, bis mir Allah schließlich von ihnen eine Erholung gönnt."*

Abbas (r.a.) sagte hierzu:

> *„Und da wussten wir, dass der Gesandte Allahs nicht mehr lange unter uns weilen wird!"*[20]

Und als allgemeinen Leitspruch zum Thema Sanftmut hinterließ uns der Gesandte Allahs (s.a.w.s.) folgenden Ausspruch:

> *„Allah liebt die Milde in allen Angelegenheiten!"*[21]

---

20 Et-Tabeqatul Kubra: El-Qawl fi Wefati Nebiyy (s.a.w.s.): Dhikru ma qarabe li Rasulillah (s.a.w.s.) min Edschlihi.

21 El-Bukhari: Sahih: El-Edeb: Er-Rifqu fil Emri Kullihi; Nr. 6024.

Die Vergebungsbereitschaft des Gesandten Allahs (s.a.w.s.)

Vergebung bedeutet, eine Schuld zu erlassen, dem Fehlverhalten anderer keine Konsequenzen folgen zu lassen oder ein unangemessenes Verhalten so zu behandeln, als sei es niemals geschehen. Wer über die Charaktereigenschaft der Vergebungsbereitschaft verfügt, neigt also dazu, Leuten ihr ungebührliches oder ungerechtes Verhalten zu verzeihen, ihnen ihre Schuld zu vergeben und auf Vergeltungsmaßnahmen zu verzichten.

Die Fähigkeit zu vergeben und Gnade walten zu lassen, gehört zu den edelsten Charakterzügen des Menschen überhaupt. Der Gesandte Allahs (s.a.w.s.) ist in dieser Angelegenheit ein außerordentliches Vorbild, da er stets den Weg der Vergebung und Gnade wählte, obwohl er doch aufgrund seiner Stellung die Möglichkeit gehabt hätte, ungeniert Rache zu üben. Stattdessen gab er jenen, die ihm nichts gaben und vergab jenen, die ihm Unrecht zufügten.

Unwissenheit ist eine nicht versiegen wollende Quelle des Unheils und die Schlimmsten unter den Menschen sind die Unwissendsten unter ihnen. Unwissenheit macht die Menschen leichtfertig, indem sie sie die Gebote brechen lässt und sie macht sie gefährlich, weil sie nicht davor zurückschrecken, anderen Schaden zuzufügen. Deshalb ist es kein Wunder, dass der Gesandte Allahs (s.a.w.s.) im Zuge seiner 23 Jahre währenden Prophetenschaft große Anstrengungen unternahm, die Unwissenheit im Volk zu bekämpfen. Während all dieser Zeit versuchten besonders jene, die in der Unwissenheit des Götzenkultes verharrt geblieben waren, dem Gesandten (s.a.w.s.) das Leben so schwer als nur möglich zu machen, indem sie ihn verspotteten und erniedrigten, ihm körperlichen und materiellen Schaden zufügten und einige Male sogar versuchten, ihn zu ermorden.

Als die mekkanischen Götzendiener den Propheten (s.a.w.s.) und die anderen Muslime über mehrere Jahre hinweg mit einem Totalboykott belegten, war nicht nur die Ehe zwischen Mekkanern und Muslimen verboten und durften den Muslimen keine Lebensmittel verkauft werden, nein, man verweigerte ihnen sogar Wasser und Brot und durfte sie nicht einmal grüßen. Ziel all dessen war es, die Muslime in eine derart existenzbedrohliche Situation zu bringen, dass sie schließlich den Islam wieder ablegten und zu ihrer alten Religion zurückkehrten.

Trotz dieser entwürdigenden und grausamen Zustände dieser Zeit, vergab der Gesandte Allahs (s.a.w.s.) seinen ehemaligen Peinigern, nachdem er Mekka erobert hatte, und garantierte persönlich für ihr Leben. An jenem Tage grämte sich Umer el-Khattab (r.a.) darüber, dass auch Ebu Sufyan r.a, dem vormaligen Anführer der Feinde der Muslime, Sicherheit gewährt wurde. Als er in dieser Angelegenheit vor den Gesandten Allahs (s.a.w.s.) trat, forderte er von diesem:

„O Gesandter Allahs! Erlaube mir, ihn zu enthaupten!"

Der Gesandte Allahs (s.a.w.s.) aber verweigerte ihm diesen Wunsch und behandelte seinen ehemaligen Feind stattdessen mit Güte und Nachsicht. Darüber hinaus gewährte er auch all jenen Mekkanern Sicherheit, die sich um Ebu Sufyan (r.a.) geschart hatten und befahl, sie zu verschonen. Obwohl er doch jahrelang unter der Bosheit dieser Menschen gelitten hatte, zeigte er nicht die Spur von Zorn und Rachegelüsten, als es ihm möglich war, seinen Zorn an ihnen auszuleben und Rache an ihnen zu nehmen.

Thumameh Bin Uthal, ein arabischer Stammesfürst, verübte ein Attentat auf den Gesandten Allahs (s.a.w.s.), mit der Absicht ihn zu töten. Das Attentat misslang zwar, aber Thumameh gelang es in dem anschließenden Durcheinander zu fliehen. Als er später gefasst und zum Propheten (s.a.w.s.) gebracht wurde befahl dieser seinen Gefährten, Thumameh kein Leid zuzufügen. Ebu Hurayrah (r.a.) berichtet, dass Thumameh an einen Pfahl in der Moschee gefesselt wurde. Der Prophet (s.a.w.s.) trat an ihn heran und fragte ihn:

> *„Was denkst du, (was mit dir geschehen wird), o Thumameh?" Dieser antwortete: „Ich bin guter Hoffnung, o Muhammed! Wenn du mich tötest, tötest du einen, an dessen Hand Blut klebt und wenn du mir dein Wohlwollen erweist, erweist du dein Wohlwollen einem Dankbaren. Und wenn du Geld willst, dann verlange, was immer du willst!"*
>
> *Am nächsten Morgen fragte er ihn (erneut): „Was denkst du, (was mit dir geschehen wird), o Thumameh?" Dieser antwortete: „Das, was ich dir bereits (gestern) geantwortet habe: Wenn du mir dein Wohlwollen erweist, erweist du dein Wohlwollen einem Dankbaren!"*
>
> *Anschließend ließ er ihn auf diese Weise bis zum nächsten Morgen zurück und fragte (ihn dann abermals): „Was denkst du, (was mit dir geschehen wird), o Thumameh?" Dieser antwortete: „Das, was ich dir bereits geantwortet habe!" Da sagte er: „Lasst Thumameh frei!"*
>
> *Dieser begab sich zuerst zu einer Wasserstelle in der Nähe der Moschee und wusch sich dort. Danach ging er in die Moschee und sprach: „Ich bezeuge, dass es keinen Gott neben Allah gibt, und ich bezeuge, dass Muhammed der Gesandte Allahs ist!""*[22]

Stets war es das Ziel des Gesandten Allahs (s.a.w.s.) gewesen, die Menschen zum Islam und zur Erlösung zu führen. Nachdem er in Ta'if von den Einwohnern mit Steinen beworfen und beschimpft

---

22 El-Bukhari: Sahih: El-Meghazi: Weftu Beni Huneyqah, Nr. 4372.

worden war, sprach er *„O Herr! Sie sind Unwissende! Wüssten sie es, würden sie so etwas nicht machen!"* und entschied sich auch hier – wie so oft – dazu, Bittgebete für seine Feinde zu sprechen und für sie um Vergebung zu bitten.

Ebu Hurayrah (r.a.) berichtet:

> *„Tufeyl Bin Amr kam zum Propheten (s.a.w.s.) und sagte: „(Der Stamm der) Dews ist verloren. Er rebelliert und widersetzt sich. Verfluche sie bei Allah!" Doch er sprach: „O Allah! Leite die Dews recht und führe sie (auf den rechten Weg)!""*[23]

Der Gesandte Allahs (s.a.w.s.) vergab einem jeden, der ihm ein Unrecht zufügte, ohne Ansehen seiner Herkunft, Rasse oder Religion. Als ihn beispielsweise jemand mit einem schadbringenden Zauber belegte, der ihn für mehrere Tage erkranken ließ, vergab ihm der Gesandten Allahs (s.a.w.s.), ohne große Umstände.

Zeyd Bin Erqam (r.a.) berichtet hierzu:

> *„Der Prophet (s.a.w.s.) wurde von einem Mann mit einem bösen Zauber belegt und litt tagelang unter den Folgen. Da kam Dschibril (a.s.) zu ihm und sprach: „Ein Mann belegte dich mit einem Zauber und band dir einige Knoten, die sich in diesem und jenem Brunnen befinden! Schicke jemanden hin, auf dass er dir diese herbeibringt!" Da schickte der Gesandte Allahs (s.a.w.s.) Ali (r.a.) dorthin und dieser holte sie (aus dem Brunnen hervor) und brachte sie zu ihm und er löste sie. Daraufhin erhob sich der Gesandte Allahs (s.a.w.s.) ganz so, als sei er aus Fesseln befreit worden. Diesen Mann sprach er nie auf diesen Vorfall an, würdigte ihn aber für den Rest seines Lebens keines Blickes mehr."*[24]

---

23 El-Bukhari: Sahih: El-Meghazi: Qissetu Dews we Tufeyl (r.a.); Nr. 4392.

24 Ahmed: El-Musned: Musnedul Kufiyyin: Hadith Zeyd Bin Erqam (r.a.); 19267.

Und nachdem der Gesandte Allahs (s.a.w.s.) die Burg Khayber erobert hatte, versuchte eine Frau ihn mit einer Mahlzeit zu vergiften, die sie ihm als Geschenk darbrachte. Nachdem er davon gegessen hatte, merkte er, dass mit dieser Speise irgendetwas nicht stimmte und als man da die Frau herbeibrachte, gestand sie sogleich, dass das Essen vergiftet war.

Enes Bin Malik (r.a.) berichtet hierzu Folgendes:

> *„Eine Frau brachte dem Propheten (s.a.w.s.) ein vergiftetes Schaf und er aß davon. Als man sie zu ihm brachte und ihn fragte: „Sollen wir sie denn nicht töten?", antwortete er: „Nein!""*[25]

Und in diesem Sinne sprach der Prophet (s.a.w.s.):

> *„Wer vergibt, dem wird vergeben. Und wer verzeiht, dem verzeiht Allah."*[26]

Außerdem sagte er:

> *„Wer zu den Menschen nicht barmherzig ist, zu dem ist auch der Erhabene Allah nicht barmherzig!"*[27]

---

25 El-Bukhari: Sahih: El-Hibeh we Fadluha: Qabulul Hediyeh minel Muschrikin; Nr. 2617.

26 El-Beyheqi: Dela'ilu Nubuwweh: Dschima'u Ebwab Ghazwetu Tebuk: Ma ruwiyeh fi Khutbetihi (s.a.w.s.); -Band 5, Seite 241f.

27 Ahmed: El-Musned: Musnedul Kufiyyin: We min Hadithi Dschubeyr Bin Abdillah (r.a.); 19408 (19194).

Der Sabr des Gesandten Allahs (s.a.w.s.) in Zeiten der Heimsuchung

„Sabr" bedeutet: „Geduld, Standhaftigkeit, Duldsamkeit". Und so ist das Geduldig-Sein nichts anderes, als die fortwährende Standfestigkeit. Hierzu gehört es auch, dass man sich in schwierigen Zeiten nicht beklagt und den Unannehmlichkeiten des Lebens mit einer gewissen Gelassenheit begegnet.

Das Leben des Gesandten Allahs (s.a.w.s.) war eine fortwährende Prüfung, in der er beständig von den verschiedensten Arten der Bedrängnis, des Unglücks und der Schwierigkeiten heimgesucht wurde. Ganz gleich aber, was ihm auch immer widerfuhr, er zeigte doch stets Stärke und erduldete auch die bittersten Prüfungen mit äußerster Standhaftigkeit. Hierbei stützte er sich voller Vertrauen auf den Erhabenen Allah, begab sich in Dessen Obhut und bat Ihn darum, ihm Auswege aus seiner Situation zu zeigen und ihm diese zu erleichtern. Nie überschritt er hierbei die Grenzen des Erlaubten und verwies den Erfolg seiner Bemühungen stets an den Erhabenen Allah zurück.

Das Leben des Gesandten Allahs (s.a.w.s.) begann leidvoll und setzte sich voll des Leids fort. Doch obwohl er so viel Leid und Schmerz durchleben musste, ließ er sich keinen Moment aus der Ruhe bringen...

Bevor er überhaupt geboren wurde, verlor er auch schon seinen Vater und kam also als Halbwaise zur Welt. Im Alter von sechs Jahren verlor er schließlich auch seine Mutter und war nun Vollwaise. Als er acht Jahre alt war, kam dann auch noch der Verlust seines Großvaters hinzu, der sich seiner angenommen hatte. Fortan kümmerte sich sein Onkel um ihn.

Auch im Erwachsenenalter blieb er nicht von schweren Verlusten und persönlichen Schicksalen verschont: Außer Fatimah (r.a.) verstarben all seine Kinder und im berühmten „Jahr der Trauer“ verlor er nicht nur seinen Onkel Ebu Talib, sondern auch seine geliebte Ehefrau Khadidscheh (r.a.).

Im Alter von 52 Jahren musste er aus seiner Heimatstadt Mekka fliehen und hierbei eine 500 km lange Strecke durch unwirtliche Stein- und Felswüsten auf sich nehmen, um nach Medina zu gelangen. Als er Jahre später nach Mekka zurückkehren wollte, um der Kaba einen Besuch abzustatten, gestattete man ihm dies nicht und er musste seine Reise in Hudeybiyyeh, etwa 20 km vor Mekka, abbrechen und wieder unverrichteter Dinge nach Medina zurückkehren.

Kein Wunder also, dass auch sein Sterben nicht leicht war, sondern von hohem Fieber, starken Beschwerden und heftigen Schmerzen begleitet wurde, erlegt doch der Erhabene Allah Seinen Propheten die schwersten Prüfungen und den härtesten Tod auf. Und kein Wunder, dass er hierbei die härtesten und schwersten Prüfungen von allen Propheten zu ertragen hatte, war er doch der „Habibullah“, der Geliebte Allahs (s.a.w.s.).

Der Gesandte Allahs (s.a.w.s.) sagte über die Geduldsprüfungen des Erhabenen Allah:

> *„Wenn Allah ein Volk liebt, prüft Er es. Und wer zufrieden ist, mit dem ist das Wohlgefallen (Allahs) und wer zornig ist, mit dem ist der Zorn (Allahs)!“*[28]

---

28 Et-Tirmidhi: Sunen: Ez-Zuhd an Rasulillahi (s.a.w.s.): Ma dscha'e fi Sabr alel Bela; Nr. 2558/2559.

Der Gesandte Allahs (s.a.w.s.) ertrug all seine Prüfungen mit höchster Geduld und riet seinen Gefährten mit folgenden Worten, dies ebenfalls zu tun:

> *„Wisse, dass im Erdulden jener Dinge, die du verabscheust, viel Gutes liegt und dass der (göttliche) Beistand mit der Duldsamkeit einhergeht!"*[29]

Und der Prophetengefährte Ebu Talha (r.a.) berichtet uns über die enorme Duldsamkeit des Gesandten Allahs (s.a.w.s.):

> *„Wir beklagten uns beim Gesandten Allahs (s.a.w.s.) über den Hunger und entblößten (vor ihm) unsere Bäuche, (um ihm zu zeigen), dass an jedem davon ein Stein (festgebunden) war, (um den Hunger erträglicher zu machen). Als dann aber auch der Gesandte Allahs (s.a.w.s.) (seinen Bauch) entblößte, waren daran zwei Steine (festgebunden)!"*[30]

Die Prophetengefährten berichteten außerdem davon, dass in der Wohnung des Gesandten Allahs (s.a.w.s.) über Monate hinweg kein Feuer entzündet wurde, weil er nichts hatte, das man hätte kochen können. In all dieser Zeit nahm er mit seiner Hausgemeinschaft nur Wasser und Datteln zu sich. Nie war es ihm und seiner Familie vergönnt, drei Tage hintereinander Weizenbrot zu essen. Zwar wurde der Gesandte (s.a.w.s.) vom Erhabenen Allah mit vielen Dingen geprüft, der Hunger war aber zweifelsohne seine schwerste Prüfung und verließ ihn sein Leben lang nicht: Die Tafel in seinem Hause war nie reich gedeckt und nie stand er von dieser mit vollem Magen auf. Wenn er wirklich einmal zwei Mahlzeiten am selben Tage einnahm, dann bestanden beide Mahlzeiten ausschließlich aus Datteln...

---

29 Ahmed: El-Musned: Musned Beniyy Haschim: Musned Abdillah Bin Abbas (r.a.); Nr. 2804 (2803).

30 Et-Tirmidhi: Sunen: Ez-Zuhd an Rasulillahi (s.a.w.s.); Nr. 2528.

Seine schwersten Zeiten erlebte der Gesandte Allahs (s.a.w.s.) sicherlich in Mekka. Bis zum Tod seines Onkels und Ziehvaters Ebu Talib ließen ihn die Quraysch ja noch mehr oder weniger in Ruhe, doch nachdem sein Onkel nicht mehr lebte, fingen sie sogleich damit an, ihn zu bedrängen, zu belästigen und zu quälen.

Ebu Hurayrah r.a berichtet hierzu:

> *„Als Ebu Talib starb, starrten (die Götzendiener) den Propheten (s.a.w.s.) finster an. Da sprach er: „O Onkel! Wie schnell ich doch deinen Verlust zu spüren bekomme!"*"[31]

Und eine andere Überlieferung berichtet davon, wie es nach dem Tod Ebu Talibs weiterging:

> *„Und sie umringten (die Muslime) und schnitten ihnen den Weg ab. Und dabei gelang es den Götzendienern, den Propheten (s.a.w.s.) zu isolieren und sich ihm zu nähern. Hierbei warf einer von ihnen einen Stein auf ihn, brach ihm dabei die Nase und seine Vorderzähne und verletzte ihn so schwer im Gesicht, dass ihm das Blut herabrann."*[32]

Und Abdullah (r.a.) erzählt:

> *„Am Tag von Huneyn bevorzugte der Prophet (s.a.w.s.) bei der Aufteilung (der Kriegsbeute) einige Personen vor den anderen: Und hierbei gab er Eqra Bin Habis 100 Kamele, und Uyeyneh das Gleiche. Und auch noch anderen Personen der arabischen Oberschicht (aus Mekka) gab er mehr (als den Ensar aus Medina) und bevorzugte sie an diesem Tage vor*

31 Ebu Nu'aym el-Esbahani: Hilyetul Ewliya: Dhikru Tawa'if min Dschemahir: Ebu Bekr Bin Ayasch (r.a.); Band 8, Seite 308.

32 Fiqhu Siyrah: El-Kefahu Damiyy: Ma'raketun Ehad; S. 261.

den anderen.[33] *Da sagte ein Mann: „Bei Allah! Diese Aufteilung ist nicht gerecht und hierbei wird nicht das Wohlgefallen Allahs angestrebt!" Ich aber erwiderte ihm: „Bei Allah! Gewiss werde ich dies dem Propheten*(s.a.w.s.) *berichten!" Und so ging ich also zu ihm und erzählte ihm davon. Dieser aber sagte: „Wer sollte denn sonst gerecht sein, wenn nicht Allah und Sein Gesandter gerecht sind? Möge Sich Allah Musas erbarmen! Er hatte noch mehr zu erleiden als dies und trug es mit Geduld!""*[34]

Und der Gesandte Allahs(s.a.w.s.) sagte außerdem:

„Die Situation des Gläubigen ist erstaunlich! Alle Angelegenheiten sind gut (für ihn). Und dies ist bei niemandem der Fall, außer nur bei dem Gläubigen! Wenn ihm etwas Erfreuliches widerfährt, dankt er dafür und so ist es gut für ihn und wenn ihm etwas Schlimmes widerfährt, übt er sich in Geduld und so ist es gut für ihn."[35]

---

33 Der Grund hierfür war, dass dieses Ereignis kurz nach der Eroberung Mekkas stattfand und viele der Mekkaner also erst seit kurzem Muslime waren. Deshalb nahm sich der Prophet(s.a.w.s.) ihrer mit besonderer Fürsorge an, um hierdurch ihre Herzen für den Islam zu erwärmen und ihren Glauben zu stärken. Und hierzu gehörte es auch, dass er sie bei der Verteilung der Beute vor den alteingesessenen Muslimen aus Medina bevorzugte.

34 El-Bukhari: Sahih: Fardul Khumus: Ma kane en-Nebiyyu(s.a.w.s.) yu'ti el-Mu'ellefeh; Nr. 3150.

35 Muslim: Ez-Zuhd we Riqaq: El-Mu'min Emruhu kulluhu khayr; Nr. 2999.

Die Güte des Gesandten Allahs (s.a.w.s.)

Wer über die Charaktereigenschaft der Güte verfügt, empfindet Mitgefühl für seine Mitmenschen und leidet mit ihnen, wenn es ihnen schlecht geht. Hierbei bringt er allen Geschöpfen des Erhabenen Allah Mitleid und Barmherzigkeit entgegen.

Die liebevolle Fürsorge des Gesandten Allahs (s.a.w.s.) war so außergewöhnlich, dass ihn der Erhabene Allah in folgendem Quranvers mit den Attributen „voller Güte und Barmherzigkeit" belegt:

„Zu euch ist nunmehr ein Gesandter aus euren eigenen Reihen gekommen. Bedrückend ist es für ihn, wenn ihr in Bedrängnis seid, (er ist) eifrig um euch bemüht, zu den Gläubigen voller Güte und Barmherzigkeit."[36]

Da ihn der Erhabene Allah Selbst für seine Güte und Barmherzigkeit lobt, können all unsere Versuche, seine Güte und Barmherzigkeit zu beschreiben, immer nur unzureichend sein.

Im Edlen Quran heißt es über seine Barmherzigkeit:

„Und Wir entsandten dich aus keinem anderen Grunde, als eine Barmherzigkeit für alle Welten (zu sein)!"[37]

All dies zeigt, dass der Gesandte Allahs (s.a.w.s.) der Gütigste unter den Menschen war. Er begegnete allen Geschöpfen, egal ob es sich dabei um Männer oder Frauen, Alte oder Junge, Waisen oder Sklaven, Tiere oder Pflanzen handelte, voller Barmherzigkeit und Mitgefühl.

Trotz seiner hohen weltlichen Position und seinem außerordentlichen Rang beim Erhabenen Allah, teilte er die Sorgen und

---

36 9. Sura: Et-Tewbeh, Vers 128.

37 21. Sura: El-Enbiya, Vers 107.

Nöte seiner Mitmenschen und tat alles dafür, ihnen ihre Lebensumstände zu erleichtern.

Im Folgenden wollen wir ein paar Bespiele für seine außergewöhnliche Güte aufführen:

Esma Bint Ebi Bekr (r.a.) berichtet davon, wie der Gesandte Allahs (s.a.w.s.) nach Mekka kam und sich in der dortigen Moschee niederließ. Da brachte ihr Vater Ebu Bekr (r.a.) seinen alten und gebrechlichen Vater (r.a.) vor den Propheten (s.a.w.s.). Da sagte er zu Ebu Bekr (r.a.):

> *„Hättest du den alten Mann doch zu Hause gelassen, bis ich dorthin gekommen wäre, um ihn zu besuchen!"*"[38]

Und Ebu Mes'ud el-Ensari (r.a.) berichtet:

> *„Ein Mann sagte: „O Gesandter Allahs! Ich schaffe es kaum noch, das Gebet (in der Gemeinschaft) zu verrichten, weil der (Vorbeter) Soundso das Gebet (so sehr) in die Länge zieht." Noch nie sah ich den Propheten (s.a.w.s.) während einer Predigt derart wütend, wie an diesem Tage, als er sprach: „O ihr Leute! Ihr nehmt den Leuten alle Lust! Wer ihnen vorbetet, soll sich (darin) kurzfassen, denn unter euch gibt es Kranke, Schwache und Leute, die einer Beschäftigung nachzugehen haben!""*[39]

Ebu Sa'id el-Khudri (r.a.) berichtet:

> *„Als wir mit dem Propheten (s.a.w.s.) auf einer Reise waren, kam ein Mann auf seinem Kamel angeritten und blickte sich nach rechts und links um. Da sagte der Gesandte Allahs (s.a.w.s.): „Wer über den Eigenbedarf hinaus ein Reitkamel besitzt, der soll es*

38 Ibn Hischam: Es-Siyratu Nebewiyyeh: Dhikrul Esbabil Mudschibetil Mesir lia Mekketi.

39 El-Bukhari: Sahih: El-Ilm: El-Ghadab fil Mew'adheh; 90.

jemandem geben, der kein Reitkamel besitzt. Und wer über den Eigenbedarf hinaus über Proviant verfügt, der soll diesen jemandem geben, der über keinen Proviant verfügt." Und danach zählte er noch so viele weitere Arten von Gütern auf, dass wir schließlich dachten, dass keiner von uns ein Anrecht auf irgendwelche überschüssigen Güter hat."[40]

Der Vater von Ubeyy Bin Ka'b (r.a.) berichtet:

„Der Gesandte Allahs (s.a.w.s.) pflegte das Gebet in die Richtung eines Palmstumpfs zu verrichten. Die Moschee bestand aus einer Hütte aus Zweigen und er hielt seine Predigten neben diesem Stumpf.

(Eines Tages) sagten einige seiner Gefährten r. a.: „O Gesandter Allahs! Lass uns dir ein Podest errichten, auf das du dich an den Freitagen stellen kannst, damit die Leute dich besser sehen und deine Predigt besser hören können!" Und als er darauf mit: „Gut!" antwortete, bauten sie ein Podest mit drei Stufen. Und als sich da der Prophet (s.a.w.s.) auf jene Weise daraufstellte, wie er auch sonst zu stehen pflegte, neigte sich der Stumpf in seine Richtung. Da sagte er zu diesem: „Beruhige dich!" und sprach anschließend zu seinen Gefährten: „Dieser Stumpf hier sehnt sich nach mir!" Dann sagte der Prophet (s.a.w.s.) (abermals) zu ihm: „Beruhige dich! Wenn du willst, werde ich dich im Paradies einpflanzen und die Frommen werden von deinen (Früchten) essen und wenn du willst, werde ich dir wieder deine frühere Frische verleihen!" Er zog das Jenseits dem Diesseits vor. Und als der Prophet (s.a.w.s.) verstarb, wurde er Ubeyy ausgehändigt, bei dem er solange verblieb, bis ihn schließlich die Termiten aufgefressen hatten."[41]

---

40 Muslim: El-Luqtah: Istihbabul Mu'asat bi Fudulil Mal; Nr. 1728.

41 Ahmed: El-Musned: Musnedul Ensar: Hadith Tufeyl Bin Ubeyy Bin Ebi Ka'b (r.a.) an Ebihi (r.a.); Nr. 21260.

Ebu Hurayrah (r.a.) berichtet:

„Bei Allah, neben Dem es keine Gottheit gibt! (Es gab Zeiten, in denen) ich meine Eingeweide vor Hunger auf den Boden presste und mir vor Hunger einen Stein auf den Bauch band.

Eines (solchen) Tages setzte ich mich an den Rand jenes Wegs, den die Leute zu nehmen pflegten. Und als da Ebu Bekr daherkam, befragte ich ihn über einen Qur'anvers. Doch ich stellte ihm diese Frage nur deshalb, damit er (meine missliche Lage erkennen möge und) mir etwas zu Essen gäbe. Er aber ging weiter und unternahm nichts.

Dann kam Umer an mir vorüber und auch ihn befragte ich über einen Qur'anvers. Doch auch ihm stellte ich diese Frage nur deshalb, damit er mir etwas zu essen gäbe. Doch auch er ging weiter und unternahm nichts.

Anschließend kam der Gesandte Allahs (s.a.w.s.) an mir vorüber. Als er mich sah, lächelte er, denn er erkannte sofort, was in mir vorging und konnte mir dies vom Gesicht ablesen. Er sagte: „Ebu Hirr!"[42]*, und ich antwortete: „Zu Diensten, o Gesandter Allahs!" Dann sagte er: „Folge mir!", ging weiter und ich folgte ihm. Er betrat (sein Haus), kündigte mich an und bat mich dann herein. Dort sah er etwas Milch in einem Becher und fragte: „Woher kommt diese Milch?" und man sagte: „Sie ist ein Geschenk des XY (oder der XY) an dich!" Dann sagte er: „Ebu Hirr!" Und als ich ihm da antwortete: „Zu Diensten, o Gesandter Allahs!, sagte er: „Geh zur Ehlu Suffeh und ruf sie zu mir!"*

Und die Ehlu Suffeh waren die Gäste des Islam. Sie hatten keine Angehörigen, keine finanziellen Mittel und auch sonst nieman-

42 „Ebu Hirr" bedeutet „Vater der Katze" und ist eine Anspielung auf seinen Spitznamen „Ebu Hurayrah", was so viel wie „Vater des Kätzchens" bedeutet.

den, (der sich ihrer annahm). Wenn der Prophet (s.a.w.s) ein Almosen erhielt, leitete er dieses an sie weiter, ohne sich etwas davon (für sich) zu nehmen. Und wenn er ein Geschenk erhielt, behielt er einen Teil davon (für sich) und schickte den Rest davon zu ihnen.

(In diesem Moment) ergriff mich ein schlechtes Gefühl, denn ich dachte mir: „Was soll dieses (bisschen) Milch bei den Ehlu Suffeh schon ausrichten? Mir steht es eher zu, davon zu trinken und zu Kräften zu kommen. Doch wenn er es mir anordnet, dann werde ich sie ihnen geben, schließlich muss man Allah und Seinem Gesandten gehorchen! Vielleicht bleibt von der Milch ja doch noch etwas für mich übrig."

Also ging ich zu ihnen und rief sie (zum Propheten (s.a.w.s.)) und sie kamen herbei, baten um Erlaubnis, traten ein und nahmen Platz. Der Prophet sagte: „Ebu Hirr!" Und ich antwortete: „Zu Diensten, o Gesandter Allahs!" Er sagte: „Nimm (die Milch) und gib sie ihnen!" Also nahm ich den Becher und gab diesen einem der Männer. Dieser trank, bis sein Durst gestillt war, und gab mir dann den Becher zurück. Danach reichte ich ihn an einen anderen Mann weiter und dieser trank (ebenfalls), bis sein Durst gestillt war, und gab mir dann den Becher zurück. Und ich gab ihn an den nächsten weiter bis auch dieser seinen Durst gestillt hatte. (Das Ganze ging so lange weiter), bis ich schließlich beim Propheten (s.a.w.s.) angelangt war und sich alle Personen sattgetrunken hatten.

Er nahm den Behälter in die Hand, musterte mich, lächelte und sprach: „Ebu Hirr!" Und ich antwortete: „Zu Diensten, o Gesandter Allahs!" Er sagte: „Jetzt sind nur noch wir beide übrig!" Ich erwiderte: „So ist es, o Gesandter Allahs!" Dann sagte er: „Setz dich und trink!" Also setzte ich mich und trank. Er sagte: „Trink!" und ich trank. Und er sagte: „Trink!" Und er hörte solange nicht auf zu sagen: „Trink!", bis ich ihm schließlich ant-

> *wortete: „Nein! Bei Dem, Der dich mit der Wahrheit entsandte! Ich habe keinen Platz mehr!“ Dann sagte er: „Zeig her!“ und ich reichte ihm den Becher und da brachte er den Lobpreis auf Allah aus, sprach die Besmele und trank den Rest.“*[43]

Und in folgendem Ausspruch fasste der Gesandte Allahs (s.a.w.s.) die enorme Bedeutung der Güte und Barmherzigkeit gegenüber den Mitmenschen noch einmal trefflich zusammen:

> *„Den Barmherzigen erbarmt sich der Erhabene und Großartige Erbarmer. Zeigt Erbarmen mit jenen, die auf Erden sind, dann erfahrt ihr Erbarmen von Dem, Der im Himmel ist!"*[44]

---

43 El-Bukhari: Sahih: Er-Riqaq: Keyfe kane Aysche Nebiyy (s.a.w.s.); Nr. 6452.

44 Es-Suyuti: Dschami'u Saghir: Harfu Ra: Fil Mahalliyy bi El min Harfi Ra; Nr. 4489.

Der liebevolle Umgang des Gesandten Allahs (s.a.w.s.) mit den Kindern

Der Gesandte Allahs (s.a.w.s.) hatte drei Söhne und vier Töchter. Zu seiner Zeit bevorzugte man die Söhne vor den Töchtern und schämte sich sogar dafür, wenn einem eine Tochter geboren wurde und deshalb kam es nicht selten vor, dass man Töchter nach ihrer Geburt lebendig begrub, um die Spuren dieser vermeintlichen Schande zu verwischen.

Der Gesandte Allahs (s.a.w.s.) brach mit dieser Tradition der Unwissenden und brachte seinen Kindern, ohne Ansehen ihres Geschlechts, seine liebevolle Zuwendung entgegen. Mit all seinen Kindern pflegte er ein inniges Verhältnis, doch besonders die Erziehung seiner Töchter war ihm ein persönliches Anliegen und eine jede von ihnen wuchs unter seinen Fittichen zu einem Vorbild an Tugendhaftigkeit und Frömmigkeit heran.

Der Gesandte Allah (s.a.w.s.) ließ seine Güte aber keineswegs nur seinen eigenen Kindern zuteilwerden, sondern schenkte allen Kindern seine liebevolle Aufmerksamkeit. Er schimpfte nie mit ihnen und ermahnte jene, die dies taten. Er begeisterte sie für den Aufenthalt in den Moscheen und der Verrichtung der Ibadeh und hielt seine Gefährten ebenfalls dazu an, die Kinder zu lieben und sich voll der Fürsorge um sie zu kümmern.

Ebu Hurayrah (r.a.) überliefert hierzu:

> *„Während der Gesandte Allahs (s.a.w.s.) gerade El-Hasan, den Sohn des Ali küsste, saß Eqra Bin Habis et-Temimiyy bei ihm und sagte: „Wahrlich habe ich zehn Kinder! Noch nie aber habe ich eines von ihnen geküsst!" Da blickte ihn der Gesandte Allahs (s.a.w.s.)*

an und sprach: „Wer nicht barmherzig ist, mit dem wird nicht barmherzig verfahren werden!"[45]

Und Enes Ibn Malik (r.a.) berichtet:

„Noch nie sah ich einen, der fürsorglicher zu seiner Familie gewesen wäre, als der Gesandte Allahs (s.a.w.s.). (Sein Sohn) Ibrahim war als Säugling bei (einer Amme) im Umland von Medina. Er pflegte ihn zu besuchen und wir begleiteten ihn. Er betrat das Haus. Drinnen war Rauch, denn der Mann der Amme war ein Schmied. Er nahm ihn hoch, küsste ihn und kehrte dann wieder zurück."[46]

Abdullah Bin el-Harith (r.a.) berichtet:

„Der Gesandte Allahs (s.a.w.s.) stellte Abdullah, Ubeydullah und Kethir, die Söhne des Abbas, in einer Reihe auf und sagte dann zu ihnen: „Wer am schnellsten (bei mir) ist, bekommt dieses und jenes." Daraufhin liefen sie zu ihm um die Wette und rempelten ihn von vorne und hinten an. Dabei küsste er sie und drückte sie an sich."[47]

Und Umer (r.a.) berichtet:

„Ich sah El-Hasan (r.a.) und El-Huseyn (r.a.) auf den Schultern des Gesandten Allahs (s.a.w.s.) (sitzen) und sprach: „Welch tolles Pferd ihr da unter euch habt!" Da sagte der Prophet (s.a.w.s.): „Und was für tolle Reiter die beiden doch sind!""[48]

---

45 El-Bukhari: Sahih: El-Edeb: Rahmetul Weled we Teqbilihi we Mu'anaqetihi; Nr. 5997.

46 Ahmed: El-Musned: Musnedul Muketherin mine Sahabeh: Musned Enes Bin Malik (r.a.); Nr. 12102.

47 Ahmed: El-Musned: Musned Beniyy Haschim: Hadith Temam Bin el-Abbas (r.a.); Nr. 1836.

48 El-Mutalibul Aliyyeh: El-Menaqib: Fada'ilu Fatimeh (r.a.); Nr. 3968.

Wie sanftmütig der Gesandte Allahs (s.a.w.s.) mit den Verfehlungen der Kinder umging, zeigt folgende Überlieferung von Rafi Bin Amr (r.a.):

> *„Sie erwischten mich dabei, wie ich (Steine) auf die Dattelpalmen der Ensar warf und brachten mich vor den Propheten (s.a.w.s.). Er sagte: „O Rafi! Wieso nur bewirfst du denn ihre Dattelpalmen?" Ich antwortete: „O Gesandter Allahs! Der Hunger!" Da sagte er: „Hör auf, sie zu bewerfen und iss nur jene (Datteln), die (von selbst) heruntergefallen sind, dann wird dich Allah sättigen!""*[49]

Der Prophetengefährte Zeyd Bin Haritheh (r.a.) wurde als Kind bei einem Überfall von einem räuberischen Stamm entführt und als Sklave auf dem Markt in Mekka verkauft. Sein Käufer war der Neffe der Khadidscheh (r.a.), der Frau des Propheten Muhammed (s.a.w.s.). Er schenkte Zeyd (r.a.) seiner Tante und diese schenkte ihn wiederum an ihren Ehemann weiter. Der Gesandte Allahs (s.a.w.s.) erlöste Zeyd (r.a.) aus der Sklaverei und nahm ihn bei sich auf. Er adoptierte ihn und behandelte ihn Zeit seines Lebens wie einen eigenen Sohn.

Als der Vater von Zeyd Bin Haritheh (r.a.) erfuhr, dass sich sein Sohn beim Propheten (s.a.w.s.) in Mekka befindet, machte er sich sofort dazu auf, ihn freizukaufen, weil er davon ausging, dass sein Sohn dort ein das Dasein eines Sklaven fristen musste.

Als Zeyds Vater zum Propheten (s.a.w.s.) kam, sagte er zu ihm:

> *„O Muhammed! Ihr seid die Bewohner des heiligen Gebiets und die Nachbarn des göttlichen Hauses. Ihr befreit die Sklaven und versorgt sie mit Nahrung. Mein Sohn ist dein Sklave. Sei gnädig*

49 Et-Tirmidhi: Sunen: El-Buyu: Ma dscha'e fi Rukhsati fil Ekeli Themerati lil Marr biha; Nr. 1288.

zu uns und komm uns bei seiner Freilassung entgegen! Du bist der Sohn eines Edlen deines Stammes. Wir werden dir für seine Freilassung geben, was immer du willst!“

Der Gesandte Allahs (s.a.w.s.) antwortete ihnen: „Ich biete euch etwas Besseres als dies!”

Und als sie ihn da fragten: „Und dies wäre?”, erwiderte ihnen der Gesandte Allahs (s.a.w.s.): „Ich überlasse ihm selbst die Entscheidung. Wenn er sich für euch entscheidet, dann könnt ihr ihn mit euch nehmen und wenn er sich für mich entscheidet, dann lasst ihn (hier bei mir).”

Sie entgegneten ihm: „Vergelt's Gott! Du bist sehr gütig!”

Daraufhin rief der Gesandte Allahs (s.a.w.s.) Zeyd (r.a.) zu sich und fragte ihn: „O Zeyd! Kennst du diese Leute?”

Er antwortete: „Ja. Diese sind mein Vater, mein Onkel und mein Bruder.”

Der Gesandte Allahs (s.a.w.s.) fuhr fort: „Und mich kennst du ja ebenfalls. Wenn du dich für sie entscheidest, kannst du mit ihnen gehen und wenn du dich für mich entscheidest, dann weißt du ja, woran du bist.”

Da sagte Zeyd (r.a.): „Niemals werde ich dir einen anderen vorziehen! Du bist für mich wie Vater und Onkel in einem!”

Sein Vater und sein Onkel sagten darauf: „O Zeyd! Bevorzugst du etwa die Knechtschaft vor der Herrschaft?”

Er antwortete: „Ich werde diesen Mann nicht verlassen!”[50]

---

50 Es-Suyuti: Ed-Durrul Menthur: El-Ehzab, Vers 5.

Und über jene Rechte, die das Kind an seinem Vater besitzt, sagte der Gesandte Allahs (s.a.w.s.) Folgendes:

> *„Die Rechte des Kindes gegenüber seinem Vater sind, dass er ihm einen schönen Namen gibt, es vermählt, wenn es volljährig geworden ist, und ihm das Buch (also den Edlen Quran) lehrt."*[51]

51 Kenzul Ummal: Harfu Nun; Nr. 45191.

Die Barmherzigkeit des Gesandten Allahs (s.a.w.s.) gegenüber den Frauen

In der vorislamischen Zeit, also jener dunklen Zeit, die man auch die „Zeit der Unwissenheit“ nennt, weil sie eine Zeit der fehlenden Rechtleitung für die Leute in Arabien war, begruben die Menschen nicht nur ihre neugeborenen Töchter, sondern betrachteten das weibliche Geschlecht an sich als etwas Minderwertiges und Verachtenswertes. Frauen hatten in etwa den Rechtsstatus von Gegenständen: Sie konnten weder erben, noch stand ihnen ein Anspruch auf eigenen Besitz zu. Auch Respekt und Feingefühl ließen die Männer ihren weiblichen Familienmitgliedern gegenüber meist vermissen.

Der Umgang des Gesandten Allahs (s.a.w.s.) mit den Frauen stand in krassem Gegensatz hierzu: Er behandelte sie nicht nur besonders feinfühlig und fürsorglich, sondern legte ihnen gegenüber auch eine ganz besondere Barmherzigkeit und Güte an den Tag und demonstrierte hierdurch, dass es den Männern nicht anstehe, die oftmals schwachen und schutzbedürftigen Frauen zu unterdrücken und für ihre Zwecke auszunutzen. Hierbei machte der Prophet (s.a.w.s.) seinen vorbildlichen Umgang mit seinen Ehefrauen zur Blaupause für alle Muslime und forderte seine Gefährten dazu auf, es ihm darin gleichzutun und ihren Frauen besondere Liebenswürdigkeit angedeihen zu lassen.

Zum liebevollen Umgang des Mannes mit seiner Ehefrau sagte der Prophet (s.a.w.s.) beispielsweise Folgendes:

> *„Wenn der Mann seine Frau und die Frau ihren Mann anblickt, blickt der Erhabene Allah mit dem Blick Seiner Barmherzigkeit auf beide. Und wenn er ihre Hand hält, fallen zwischen den Fingern (ihrer beider Hände) die Sünden herab!“*[52]

---

52 Kenzul Ummal: Harfu Nun; Nr. 44437.

Der Gesandte Allahs (s.a.w.s.) brachte seinen Frauen allzeit Verständnis entgegen und unterstützte sie in ihrem Alltag wo es nur ging. Als er einmal sein Gebet viel schneller verrichtete als er dies für gewöhnlich zu tun pflegte, fragten ihn seine Gefährten (r.a.) nach dem Grund dafür und erhielten daraufhin folgende Antwort:

> *„Wahrlich beginne ich das Gebet (vor der Gemeinde) und möchte es in die Länge ziehen. Doch dann höre ich das Weinen eines Kindes und fasse mich dann – wegen der großen Sorgen, die sich die Mutter um (ihr Kind) macht – kurz!"*[53]

Der Gesandte Allahs (s.a.w.s.) machte unserer Mutter Aischa (r.a.) viele Komplimente und versäumte es nie, ihr eine kleine Freude zu bereiten, mit ihr zu spaßen oder mit ihr um die Wette zu laufen. Sie berichtet hierzu Folgendes:

> *„Als ich noch so jung und so dünn war, dass ich kaum Fleisch auf den Rippen hatte, begleitete ich einmal den Propheten (s.a.w.s.) auf einer seiner Reisen. Und da sagte er zu den Leuten: „Tretet näher!" Und als sie nähergetreten waren, sagte er zu mir: „Komm her, ich werde mit dir ein Wettrennen veranstalten!" Also veranstaltete ich mit ihm ein Wettrennen und dabei überholte ich ihn und besiegte ihn. Er aber sagte nichts dazu.*
>
> *Als ich dann (später) Fleisch angesetzt hatte, etwas fülliger geworden war und (die ganze Sache) bereits vergessen hatte, begleitete ich ihn abermals auf einer seiner Reisen. Und da sagte er zu den Leuten: „Tretet näher!" Und als sie nähergetreten waren, sagte er: „Komm her! Lass uns ein Wettrennen veranstalten!" Und so veranstaltete ich mit ihm ein Wettrennen. (Doch diesmal) überholte er mich, fing an zu lachen und sagte: „Das ist die Revanche für letztes Mal!""*[54]

---

53 Muslim: Es-Salah: Emru E'immeti bi Takhfifi Salati fi Tamam; Nr. 470.

54 Ahmed: El-Musned: Musnedu Nisa: Musned Siddiqetu Aischa Bint Siddiq (r.a.); Nr. 26277.

In der Anfangszeit des Islam mussten sich die Muslime im Verborgenen halten und ihre Treffen im Geheimen abhalten. Deshalb nahmen an den Gesprächskreisen des Gesandten Allahs (s.a.w.s.) zunächst ausschließlich Männer teil und die Frauen konnten nicht direkt davon profitieren. Daher baten die Frauen darum, ob er denn nicht an einem Tag der Woche extra für sie einen Vortrag halten könne und zu ihrer großen Freude akzeptierte er ihren Vorschlag und reservierte einen Tag der Woche nur für sie allein.

Besonders älteren Frauen begegnete der Prophet (s.a.w.s.) mit außerordentlicher Güte und Barmherzigkeit und bereitete ihnen gerne eine kleine Freude. Dass es ihm dabei auch nicht an Humor mangelte, zeigt folgendes Ereignis, von dem uns El-Hasan (r.a.), der Enkel des Propheten (s.a.w.s.), berichtet:

> *„Eine alte Frau kam zum Propheten (s.a.w.s.) und sprach: „O Gesandter Allahs! Bitte Allah darum, dass er mich ins Paradies eingehen lassen möge!" Er erwiderte ihr: „O Mutter des Soundso! Wahrlich werden keine alten Frauen ins Paradies eintreten!" Und als sie sich da von ihm abwandte und weinte, sprach er: „Erzählt ihr, dass sie das Paradies nicht als eine alte Frau betreten wird, denn der Erhabene Allah spricht: „Wir erschufen sie aus dem Nichts und machten sie zu Jungfrauen, zu liebevollen Altersgenossinnen!"* [55]*"*[56]

Wenn der Gesandte (s.a.w.s.) auf Reisen war und sich auch Frauen in seiner Reisegruppe befanden, sorgte er dafür, dass es den Frauen an nichts mangelte und sie sicher und bequem reisen konnten. Als er auf einer seiner Reisen bemerkte, dass ein Kamelführer namens Endschescheh das Kamel der Frauen zu schnell

---

55 56. Sura: El-Waqi'ah, Verse 35 – 37.

56 Et-Tirmidhi: Esch-Schema'ilul Muhammediyyeh: Ma dscha'e fi Sifatil Mizahi Rasulullahi (s.a.w.s.); Nr. 241.

vorantrieb und diese hierdurch in ihrem Komfort gestört wurden, sprach er zu ihm:

> *„O Endschescheh! Sei vorsichtig mit dem Porzellan, wenn du (die Kamele) antreibst!"*[57]

Und der Gesandte Allahs (s.a.w.s.) warnte die Männer mit folgenden Worten davor, ihre Ehefrauen schlecht zu behandeln:

> *„Fürchtet Allah, wenn es um die Frauen geht! Denn ihr habt sie als ein anvertrautes Gut Allahs zu euren Frauen genommen."*[58]

---

57 El-Bukhari: Sahih: El-Edeb: El-Mu'arid Menduhatun anil Kidhb; Nr. 6210.

58 Muslim: El-Hadsch: Hadschetu Nebiyy (s.a.w.s.) li Nisa; Nr. 1218.

Die Barmherzigkeit des Gesandten Allahs (s.a.w.s.) gegenüber den Tieren

Nicht nur Frauen und Kinder wurden in der Zeit der Unwissenheit äußerst würdelos behandelt, sondern auch alle Arten von Tieren. Da man in den Tieren keine empfindungsfähigen Lebewesen sah, beutete man sie hemmungslos aus und misshandelte sie, ohne dabei ein schlechtes Gewissen zu haben. Lasttiere wurden beispielsweise so stark überladen, dass sie nicht selten unter ihrer Last zusammenbrachen. Und wenn dies geschah, empfand man kein Mitleid für sie, sondern machte sich im Gegenteil sogar noch darüber lustig.

Darüber hinaus wurden Kamele in Wettbewerben als Zielscheiben benutzt und bei Bedarf entnahm man ihnen sogar bei lebendigem Leib Fett und Flüssigkeit aus ihren Höckern. Die Nutztiere wurden mit glühenden Eisen gebrandmarkt und man schnitt ihnen Ohren und Schwänze ab. Niemand scherte sich um das Wohl der Tiere und keiner empfand dies als Unrecht.

Der Gesandte Allahs (s.a.w.s.) war da ganz anders. Er hob nicht nur die Tradition der Unwissenden auf, Tiere als Podest für ihre Reden zu benutzten, sondern sorgte auch dafür, dass Tiere nur noch für Arbeiten eingesetzt wurden, die ihrer Natur entsprachen. Auch seine Gefährten hielt er dazu an, sich um das Tierwohl zu kümmern und ermahnte einen jeden, der Tiere grob behandelte, quälte oder ihnen zu schwere Lasten auflegte.

Hierzu wollen wir im Folgenden einige Beispiele für die Barmherzigkeit des Gesandten Allahs (s.a.w.s.) gegenüber den Tieren aufführen:

Sehl Bin Handhaliyyeh (r.a.) berichtet:

> *„Der Gesandte Allahs (s.a.w.s.) ging an einem Kamel vorüber, dessen Höcker bis zu seinem Bauch herabhingen, (weil man das*

Fett und die Flüssigkeit daraus entnommen hatte). Da sagte er: „Fürchtet Allah in Bezug auf diese angebundenen Tiere hier! Reitet sie auf anständige Weise und verzehrt sie auf anständige Weise![59]“”[60]

Abdullah Bin Ebi Bekr Bin Hazm (r.a.) berichtet:

„Als der Gesandte Allahs (s.a.w.s.) (auf dem Weg) zur Eroberung Mekkas von (dem Ort) Ardsch[61] aus (Richtung Mekka) weitermarschierte, sah er eine Hündin, die von ihren Welpen umringt war, diese stillte und dabei knurrte, um sie zu schützen. Da befahl er seinem Gefährten Dschu'ayl Bin Suraqah, sich (schützend) vor sie hinzustellen, damit keiner aus dem Heer sie und ihre Jungen stören sollte."[62]

Und der Vater Abdurrahman Bin Abdillahs (r.a.) berichtet:

„Wir waren mit dem Gesandten Allahs (s.a.w.s.) auf einer Reise. Und während er sich von uns abgesondert hatte, um sich zu erleichtern, sahen wir einen roten Wüstenvogel mit zwei Küken. Und als wir da die beiden Küken in die Hand nahmen, kam der Vogel herbei und spreizte seine Flügel. In diesem Moment kam der Prophet (s.a.w.s.) und sprach: „Wollt ihr dem Vogel etwa Kummer wegen seiner Jungen bereiten? Gebt ihm sofort seine Jungen zurück!“”[63]

---

59 Also nicht, indem ihr ihnen ihr Fett bei lebendigem Leibe aus den Höckern entnehmt.

60 Ebu Dawud: Sunen: El-Dschihad: Ma yu'meru bihi minel Qiyami ale Dewab wel Beha'im; Nr. 2548.

61 „Ardsch“ ist ein Ort zwischen Mekka und Medina.

62 Subulul Huda we Raschad fi Siyerati Khayril Ibad: 6: Fi Birrihi we Schefeqatihi; Band 7.

63 Ebu Dawud: Sunen: El-Dschihad: Fi Kerahiyyeti Harqil Aduwwe bi Nar; Nr. 2675.

Abdullah Bin Abbas (r.a.) berichtet:

> *„Ein Mann legte ein Schaf auf den Boden, um es zu schlachten und schleifte dann (vor dessen Augen) sein Messer. Da sagte der Prophet (s.a.w.s.): „Möchtest du es mehrere Tode sterben lassen? Warum schleiftest du dein Messer nicht, bevor du es auf den Boden legtest?!""*[64]

Als Aischa (r.a.) einmal ein störrisches Kamel ritt und dieses dabei hin- und herzerrte, weil es ihr nicht gehorchen wollte, sagte der Gesandte Allahs (s.a.w.s.) zu ihr:

> *„Sei gütig! Alle Dinge, in denen Güte gezeigt wird, werden durch sie geschmückt. Und alle Dinge, in denen diese nicht gezeigt wird, werden dadurch verunstaltet."*[65]

Und der Gesandte Allahs (s.a.w.s.) sagte ebenfalls:

> *„Wer barmherzig ist und sei es auch nur gegenüber einem Schlachttier, dem gegenüber wird auch Allah am Tag der Auferstehung barmherzig sein!"*[66]

---

64 El-Hakim: El-Mustedrak: El-Edahiyy: We emma Hadith Scha'beh; Nr. 7563.

65 Muslim: El-Birr we Sileh; Nr. 2594.

66 El-Bukhari: El-Edebul Mufred: Rahmetul Beha'im; Nr. 381.

Die Feinfühligkeit des Gesandten Allahs (s.a.w.s.)

Seine Zeitgenossen waren voll der Bewunderung für das vorbildliche Verhalten des Gesandten Allahs (s.a.w.s.). Er zeigte in jeder Lebenslage Anstand, Respekt und Höflichkeit und ließ es nie am nötigen Feingefühl fehlen. Er war so achtsam gegenüber seinen Mitmenschen, dass er jedem, der von ihm etwas wollte, voller Demut zurief: *„Stets zu Diensten!"*.

Seine Ehefrau Aischa (r.a.) berichtet:

> *„Welch wunderbaren Charakter der Gesandte Allahs (s.a.w.s.) doch hatte! Keiner seiner Gefährten oder Hausgemeinschaft rief ihn, ohne dass er darauf: „Zu Diensten!" antwortete. Dies ist der Grund dafür, warum der Erhabene Allah (folgenden Quranvers) herabsandte: „Du verfügst über einen großartigen Charakter!"[67] "[68]*

Und sein Vetter Ali Bin Ebi Talib (r.a.) berichtet:

> *„Wenn der Prophet (s.a.w.s.) um etwas gebeten wurde und (dieser Bitte) nachkommen wollte, antwortete er mit: „Ja." Und wenn er ihr nicht nachkommen wollte, schwieg er; nie erwiderte er eine Bitte mit: „Nein.""[69]*

Um ja niemanden zu kränken, runzelte der Gesandte Allahs (s.a.w.s.) in der Gegenwart anderer niemals die Stirn oder blickte sie ernst an; ganz im Gegenteil schenkte er seinen Gefährten

67 68. Sura: El-Qalem, Vers 4.

68 Ebu Nu'aym el-Eshbahani: Dela'ilu Nubuwweh: 12: Dhikru ba'de Ekhlaqihi we Sifatihi (s.a.w.s.); Nr. 119.

69 El-Heythemi: Medschma'u Zewa'id: Alametu Nubuwweh: Fi Dschudihi (s.a.w.s.); Nr. 14180.

häufig ein warmes Lächeln, um ihnen hierdurch seine Zuneigung zu bekunden.

Über das Lächeln des Gesandten Allahs (s.a.w.s.) berichtet Dschabir Bin Semurah (r.a.):

> *„(Das Beisammensein mit dem Propheten (s.a.w.s.)) war ein langes Schweigen und ein weniges Lachen. Und manchmal trugen seine Gefährten in seiner Anwesenheit ein Gedicht vor oder erzählten von einer Sache und lachten anschließend. Und da lächelte er dann auch manchmal."*[70]

Abdullah Bin el-Harith Bin Dschez (r.a.) berichtet:

> *„Nie traf ich auf einen, der mehr gelächelt hätte, als der Gesandte Allahs (s.a.w.s.)."*[71]

Und Ebu Hurayrah (r.a.) berichtet:

> *„Der Prophet (s.a.w.s.) beschwerte sich niemals über das Essen. Wenn es ihm schmeckte, aß er es und wenn es ihm missfiel, aß er es nicht."*[72]

Und Dschabir Bin Abdillah (r.a.) berichtet davon, wie ihm der Gesandte Allahs (s.a.w.s.) einmal folgendes Kompliment machte:

> *„Der Prophet (s.a.w.s.) besuchte uns Zuhause. Und als wir da ein Schaf für ihn schlachteten, sprach er: „Die wissen wohl, dass ich Fleisch mag!""*[73]

---

70 Ebu Dawud et-Tayalisi: Musned: Dschabir Bin Semurah (r.a.); Nr. 808.

71 Et-Tirmidhi: Sunen: El-Menaqib: Fi Beschascheti Nebiyy (s.a.w.s.); Nr. 3641.

72 El-Bukhari: Sahih: El-Et'ameh: Ma abe en-Nebiyy (s.a.w.s.); Nr. 5409.

73 Et-Tirmidhi: Esch-Schema'il: Ma dscha'e fi Idami Rasulillah (s.a.w.s.); Nr. 170.

Die Aussagen der Prophetengefährten belegen, dass der Gesandte Allahs (s.a.w.s.) ein äußerst feinfühliger Mensch war, der sich nicht mit seinen Mitmenschen herumstritt, sich auf dem Markt ruhig und kultiviert verhielt und ein Vorbild an Rücksichtnahme und Einfühlungsvermögen war. Er erwiderte Schlechtes nicht mit Schlechtem, sondern mit Gutem und Vergebung. Er brachte es nicht übers Herz, jemandem eine Bitte abzuschlagen, war nicht wählerisch beim Essen und machte seinen Gastgebern gerne Komplimente. Wenn ihm einer die Hand reichte, zog er diese aus Höflichkeit niemals als erster wieder zurück und wenn er mit anderen beisammensaß, streckte er aus Respekt vor diesen nie seine Beine aus.

Enes Bin Malik (r.a.) berichtet hierzu:

> *„Wenn der Prophet (s.a.w.s.) von einem Mann empfangen wurde und sie sich die Hände schüttelten, zog er solange seine Hand nicht zurück, bis der Mann dies tat. Und er wandte sein Gesicht solange nicht von ihm ab, bis der Mann dies tat. Und niemals wurde es gesehen, dass er neben seinem Sitznachbarn die Füße ausstreckte.“*[74]

Ebu Hurayrah (r.a.) berichtet, dass der Gesandte Allahs (s.a.w.s.) folgendes Du'a (Bittgebet) sprach:

> *„O Allah! Ich suche meine Zuflucht bei Dir vor der Zwietracht, der Heuchelei und dem schlechten Charakter!”*[75]

---

74 Et-Tirmidhi: Sunen: Sifatul Qiyameh we Raqa'iq wel Wer'a; Kapitel 46, Nr. 2658.

75 En-Nesa'i: Sunen: El-Isti'adheh: El-Isti'adhetu mine Scheqaq we Nifaq we Su'il Ekhlaq; Nr. 5471.

Und Ali Bin Ebi Talib (r.a.) berichtet:

> *„Wenn der Gesandte Allahs (s.a.w.s.) sich zum Gebet erhob, sprach er folgendes Du'a (Bittgebet):*
>
> *„Führe mich zum schönsten Charakter! Keiner führt zum schönsten Charakter außer nur Du allein! Halte den schlechten Charakter von mir ab. Keiner hält mich vom schlechten Charakter ab außer Du allein!"*[76]

76 Et-Tirmidhi: Sunen: Ed-Da'wat; Kapitel 32, Nr. 3719.

Die Sidq des Gesandten Allahs (s.a.w.s.)

„Sidq“ ist die „Aufrichtigkeit“ und bedeutet, dass bei einem Menschen seine offensichtlichen Handlungen und Aussagen mit seiner inneren Haltung und Absicht übereinstimmen, dass er seine Versprechen nach Kräften einlöst und in einer Sache nach einer Lösung sucht, die allen gerecht wird. Und so ist die *Sidq* das Gegenteil der „Kidhb“, also der Verlogenheit, der Scheinheiligkeit und des betrügerischen Handelns.

Der Gesandte Allahs (s.a.w.s.) log während seines gesamten Lebens kein einziges Mal und blieb auch im Spaß immer der Wahrheit treu.

Ebu Hurayrah (r.a.) berichtet hierzu:

> *„Sie fragten: „O Gesandter Allahs! Scherzt du etwa mit uns?“ Er antwortete: „(Ja, aber) ich sage (dabei) nichts als die Wahrheit!““*[77]

Seine Ehrlichkeit war der Grund dafür, warum der Prophet (s.a.w.s.) das Vertrauen und den Respekt seiner Mitmenschen genoss. Schon vor seiner Prophetenschaft vertrauten ihm seine Mitmenschen voll und ganz und verliehen ihm den Beinamen „Muhammed el-Emin“ (der vertrauenswürdige Muhammed). Die Mekkaner vertrauten ihm so sehr, dass sie ihm ihre Wertsachen anvertrauten, bevor sie auf Reisen gingen. Jene Lügen und Verleumdungen, die die mekkanischen Götzendiener über ihn verbreiteten, nachdem er vom Erhabenen Allah zum Propheten berufen worden war, entsprangen einzig ihrer Sturheit und ihrem Neid ihm gegenüber. In ihrem Inneren aber wussten sie ganz genau, dass der Gesandte Allahs (s.a.w.s.) frei aller Verlogenheit war und bei einer solch ernsthaften Angelegenheit wie der Beanspruchung des Prophetentums wohl kaum gelogen hätte. Es war die

77 El-Bukhari: El-Edebul Mufred: El-Mizah; Nr. 265.

reine Wahrheit, die er den Menschen zu verkünden hatte, aber um dies akzeptieren zu können, mussten sie zuerst über den Schatten ihres Hochmuts springen und ihren Neid besiegen.

Aus der folgenden Überlieferung Ebu Meyserahs (r.a.) geht hervor, dass selbst sein Erzfeind Ebu Dschehl die Vertrauenswürdigkeit des Gesandten Allahs (s.a.w.s.) bestätigte:

> *„Der Gesandte Allahs (s.a.w.s.) kam an Ebu Dschehl und seinen Kumpanen vorüber. Da sagten sie: „O Muhammed! Bei Allah! Wir bezichtigen dich nicht der Lüge und halten dich für einen Aufrichtigen. Aber wir stellen jenes in Abrede, das du verkündest!" Daraufhin wurde (folgender) Vers herabgesandt: „Sie bezichtigen dich nicht der Lüge, doch die Ungerechten verleugnen die Zeichen Allahs"[78]"[79]*

Der Gesandte Allahs (s.a.w.s.) betrog selbst nicht und verabscheute den Betrug anderer. Hierzu gehörte es auch, dass er es nicht duldete, dass man einem Kind erst etwas dafür versprach, dass es zu einem komme, und ihm dieses dann nicht gab.

Abdullah Bin Amir (r.a.) berichtet hierzu von einem Erlebnis aus seiner Kindheit:

> *„Eines Tages, während der Gesandte Allahs (s.a.w.s.) gerade bei uns zu Hause war, rief mich meine Mutter zu sich und sprach: „Komm her zu mir, ich will dir was geben!" Und als sie da der Gesandte Allahs (s.a.w.s.) fragte: „Was willst du ihm denn geben?", antwortete sie: „Ich werde ihm eine Dattel geben!" Da sagte der Gesandte Allahs (s.a.w.s.): „Vorsicht! Wenn du ihm nichts gibst, wird (im Register deiner Taten) eine Lüge verzeichnet werden!""[80]*

---

78 6. Sura: El-En'am, Vers 33.

79 Tefsir el-Qurtubiyy: Sura El-En'am: Verse 33 – 34.

80 Ebu Dawud: Sunen: El-Edeb: Fi Teschdidi fil Kidhb; Nr. 4991.

Und Harth Bin Amir von den Quraysch sagte:

> *„O Muhammed! Bei Allah! Du hast uns noch nie angelogen. Doch wenn wir uns dir anschließen, wird man uns von unserem Land vertreiben. Aus diesem Grunde glauben wir nicht an dich."*[81]

Weil der Gesandte Allahs (s.a.w.s.) solch ein unbescholtenes Leben führte, wollten ihn nicht einmal seine Erzfeinde, die doch nach seinem Leben trachteten, der Lüge bezichtigen...

Ebu Sufyan war lange Zeit einer dieser Erzfeinde des Propheten (s.a.w.s.), bevor er schließlich unmittelbar vor der Eroberung Mekkas den Islam annahm. In dieser Zeit unternahm er einmal eine Reise nach Damaskus, um dort Handel zu treiben. Hierbei empfing ihn der byzantinische Kaiser - der gerade einen erfolgreichen Feldzug gegen die Perser geführt hatte - an seinem Hofe, weil er ihm einige Fragen über den Gesandten Allahs (s.a.w.s.) stellen wollte.

Von diesem Treffen zwischen Ebu Sufyan (r.a.), einigen qurayschitischen Händlern aus seiner Karawane und dem byzantinischen Kaiser Hiraqle (Herakleios) berichtet uns Ibn Abbas (r.a.) Folgendes:

> *„Ebu Sufyan Bin Harb berichtete mir davon, wie er und eine Gruppe von qurayschitischen Händlern von Hiraqle in seine Residenz zitiert worden waren, als sie sich gerade auf einer Geschäftsreise in Scham (Großsyrien) befanden und bei (der Stadt) Iliya ihr Quartier bezogen hatten. Dies alles geschah zu jener Zeit, als der Gesandte Allahs (s.a.w.s.) einen Friedensvertrag mit den Leugnern Mekkas abgeschlossen hatte.*

81 Tefsir er-Raziyy: Sura El-En'am: Vers 33.

(Als sie nun vor Hiraqle gebracht wurden,) befand sich dieser gerade im Kreise einiger einflussreicher byzantinischer Bürger. Er ließ erst einen Übersetzer kommen und fragte dann:

„Wer von euch ist am nächsten mit diesem Mann verwandt, der behauptet, ein Prophet zu sein?“

Ebu Sufyan antwortete: „Ich bin jener unter ihnen, der am nächsten mit ihm verwandt ist!“

Da sprach er: „Bringt ihn näher zu mir her und bringt auch seine Gefährten näher; auf dass sie sich hinter ihn stellen!“

Anschließend sagte er zu dem Übersetzer: „Sag ihnen, dass ich ihm einige Fragen zu diesem Mann stellen werde. Falls er mich belügen sollte, sollen sie auf seine Lüge hinweisen!“

(Ebu Sufyan (r.a.) berichtet hierzu:) „Bei Allah! Hätte ich mich nicht davor geschämt, von ihnen der Lüge bezichtigt zu werden, hätte ich über ihn gelogen!“

(Er erzählt weiter:) „Die erste Frage, die er mir stellte, war die Folgende: „Welches Ansehen genießt seine Abstammung bei euch?“

Ich antwortete: „Er gilt bei uns als ein Mann von vornehmer Abstammung.“

Er fragte: „Hat ein anderer von euch jemals so etwas vor ihm behauptet?“

Ich sagte: „Nein.“

Er fragte: „Gab es unter seinen Vorvätern einen König?“

Ich sagte: „Nein."

Er fragte: „Ist es die Oberschicht, die sich ihm angeschlossen hat oder sind es die Schwachen ihres Volkes?"

Ich sagte: „Es sind die Schwachen."

Er fragte: „Werden sie mehr oder weniger?

Ich sagte: „Sie werden mehr."

Er fragte: „Hat sich jemand aus Unzufriedenheit von seiner Religion losgesagt, nachdem er diese zuvor angenommen hat?"

Ich sagte: „Nein."

Er fragte: „Habt ihr ihn jemals der Lüge bezichtigt, bevor er sagte, was er sagte?"

Ich sagte: „Nein."

Er fragte: „Betrügt er?"

Ich sagte: „Nein. Mittlerweile haben wir auch ein Abkommen mit ihm, doch wir wissen nicht, wie er sich verhalten wird."

(Ebu Sufyan (r.a.) macht hier einen kurzen Einschub, indem er sagt:) „Bis auf diese Worte war es mir nicht möglich, (in das Gespräch) etwas (Negatives über den Propheten (s.a.w.s.)) einfließen zu lassen."

Dann fragte er: „Habt ihr ihn bekämpft?"

Ich sagte: „Ja."

Er fragte: „Wie verlief euer Kampf gegen ihn?“

Ich sagte: „Das Kriegsglück zwischen uns und ihm schwankt hin und her.“

Er fragte: „Was trägt er euch auf?“

Ich sagte: „Er sagt: „Betet nur Allah allein an, gesellt Ihm nichts bei und wendet euch von jenem ab, was eure Väter sagen!“ Und er befiehlt uns die Verrichtung des Gebets, die Aufrichtigkeit, die Sittsamkeit und das Aufrechterhalten der Familienbande.“

Dann sagte er zum Übersetzer: „Sag ihm: „Ich fragte dich nach seiner Abstammung und du sagtest, er gelte bei euch als eine Person vornehmer Abstammung. Genauso verhält es sich mit den Gesandten. Sie werden aus den Vornehmen ihres Stammes entsandt.

Und ich fragte dich, ob ein anderer von euch so etwas ebenfalls behauptet hat und du sagtest, dass dem nicht so sei. Und ich sage dir: Wenn schon ein anderer vor ihm derartiges behauptet hätte, hätte ich ihn für einen Mann gehalten, der eine Sache nachahmt, die vor ihm gesagt wurde.

Und ich fragte dich, ob es unter seinen Vorvätern einen König gab, und du verneintest dies. Und ich sage dir: Wenn es unter seinen Vorvätern einen König gegeben hätte, hätte ich ihn für einen Mann gehalten, der nach der Herrschaft seines Vaters trachtet.

Und ich fragte dich, ob ihr ihn der Lüge bezichtigt habt, bevor er sagte, was er sagte und du verneintest dies. Und da wusste ich, dass es nicht sein kann, dass er erst nicht die Leute belügt, dann aber Lügen über Allah erzählt.

Und ich fragte dich, ob es die Oberschicht sei, die sich ihm angeschlossen hat oder ob es die Schwachen seien. Und du sagtest, dass sich ihm die Schwachen angeschlossen haben. Und eben dies sind die Gefolgsleute der Gesandten.

Und ich fragte dich, ob sie mehr oder weniger werden und du sagtest, dass sie mehr werden. Und auf eben diese Weise verhält es sich mit dem Glauben, bis er sich schließlich vervollkommnet.

Und ich fragte dich, ob sich jemand aus Unzufriedenheit von seiner Religion abwandte, nachdem er diese angenommen hatte und du verneintest dies. Und auf eben diese Weise verhält es sich mit dem Glauben, wenn seine Güte zu den Herzen durchgedrungen ist.

Und ich fragte dich, ob er betrügt und du verneintest dies. Eben dies ist das Wesen der Gesandten: Sie betrügen nicht!

Und ich fragte dich, was er euch aufträgt und du sagtest, er trägt euch auf, Allah anzubeten und Ihm nichts beizugesellen und er untersagt euch die Anbetung von Götzenbildern und er trägt euch auf, das Gebet zu verrichten, aufrichtig und sittsam zu sein.

Wenn es alles wahr ist, was du gesagt hast, wird er auch über jenen Ort herrschen, auf dem gerade meine beiden Füße hier stehen. Ich wusste, dass er erscheinen wird, doch ich hätte nicht gedacht, dass er einer von euch sein wird. Wenn ich wüsste, dass ich ihn erreichen könnte, würde ich so manche Strapazen auf mich nehmen, um ihn zu treffen. Und wenn ich bei ihm wäre, würde ich ihm die Füße waschen!"[82]

---

82 El-Bukhari: Sahih: Bid'ul Wahiyy; Kapitel 6, Nr. 7.

Und den Wert der Sidq noch einmal auf den Punkt bringend, sagte der Prophet (s.a.w.s.):

> *„Haltet euch an die Aufrichtigkeit! Denn die Aufrichtigkeit führt zur Rechtschaffenheit und die Rechtschaffenheit führt ins Paradies!"*[83]

---

83 El-Bukhari: El-Edebul Mufred: La yuslahul Kidhb; Nr. 386.

Die Haya des Gesandten Allahs (s.a.w.s.)

„Haya" bedeutet „Schamhaftigkeit". Wer über *Haya* verfügt, fühlt sich in gewissen Situationen unwohl und meidet diese daher. Im islamischen Sinne bedeutet dies, dass man sich dabei unwohl fühlt, die Gebote des Islam zu übertreten und es aus diesem tiefen Unwohlsein heraus nicht wagt, Verbotenes oder Verpöntes selbst zu tun oder es verabscheut, so etwas bei anderen zu beobachten.

Im Leben des Gesandten Allahs (s.a.w.s.) nahmen Anstand und Tugendhaftigkeit eine herausragende Rolle ein. In Zeiten von Schamlosigkeit und Sittenverrohung ging er seinen Mitmenschen mit gutem Beispiel voran und sorgte für eine Wiederbelebung der schon totgeglaubten Eigenschaften der Schamhaftigkeit und Tugendhaftigkeit.

In seinem Leben gab es keinen Platz für Hässlichkeit. Stets wandte er sich von den hässlichen Dingen ab und dem Schönen zu. Er betrachtete nur das Schöne und sprach nur über das Schöne.

Der Gesandte Allahs (s.a.w.s.) war der Schamhafteste unter den Menschen. Stets gab er der Schamhaftigkeit und Zurückhaltung den Vorzug vor der Anstands- und Tugendlosigkeit und wenn er eine Sache peinlich fand, konnte man ihm seine Scham darüber vom Gesicht ablesen.

Ebu Sa'id el-Khudri (r.a.) berichtet:

> *„Der Prophet (s.a.w.s.) war schamhafter als eine Jungfrau in ihrem Gemach. Wenn er etwas sah, das ihm missfiel, konnten wir dies von seinem Gesicht ablesen!"*[84]

---

84 El-Bukhari: Sahih: El-Edeb: Men lem yuwadschehu Nas bil Itab; Nr. 6102.

Scham wird gerne auch als „Erröten des Gesichts" definiert, das daher kommt, dass man sich in einer Situation befindet, in der man sich unwohl fühlt. Und genauso war es auch beim Gesandten Allahs (s.a.w.s.): Sobald er in eine Situation geriet, in der andere ein Verhalten an den Tag legten, das religiös unerwünscht war, errötete sein Gesicht. Und so etwas kam zu seiner Zeit nicht gerade selten vor, denn damals war es beispielsweise nicht unüblich, dass die Leute in aller Öffentlichkeit nackt badeten oder sogar nackt die Kaba umrundeten.

Er mochte weder selbst in Situationen geraten, die ihm Unbehagen hätten bereiten können, noch andere in Situationen bringen, die sie hätten beschämen können. Deshalb vermied er es, zu anderen Dinge zu sagen, die ihnen unangenehm hätten sein können. Statt die Fehler seiner Mitmenschen offen anzusprechen, deutete er diese lieber mit versteckten Hinweisen an, um niemandem zu nahe zu treten.

Wenn es ihm notwendig erschien, beauftragte er manchmal auch einen seiner Gefährten damit, andere über die Schamlosigkeit ihres Handelns aufzuklären. Dies tat er aber nur in Ausnahmefällen. Normalerweise erlaubte er es jedoch nicht, dass sich jemand in das Verhalten anderer einmischte, hinter diesen nachforschte oder überhaupt nur über sie sprach.

Und jene Überlieferung von Enes Bin Malik (r.a.), die bereits im Kapitel über die Höflichkeit des Gesandten Allahs (s.a.w.s.) angeführt wurde, bezeugt ebenfalls dessen Schamhaftigkeit:

> *„Wenn der Prophet (s.a.w.s.) von einem Mann empfangen wurde und sie sich die Hände schüttelten, zog er seine Hand solange nicht zurück, bis der Mann dies tat. Und er wandte sein Gesicht von ihm solange nicht ab, bis der Mann dies tat. Und niemals*

wurde es gesehen, dass er neben seinem Sitznachbarn die Füße ausstreckte."[85]

Der Gesandte Allahs (s.a.w.s.) war so schamhaft, dass er es nicht übers Herz brachte, andere offen darauf hinzuweisen, wenn diese ihn zu sehr bedrängten. Hierzu berichtet der Edle Quran Folgendes:

„O ihr, die ihr glaubt! Betretet nicht die Häuser des Propheten, ohne dass man euch, (wenn ihr zu) einem Essen (eingeladen seid), Erlaubnis (hierzu) erteilt und ohne (schon zuvor) auf die rechte Zeit zu warten, (bis das Essen fertig ist). Sondern tretet erst ein, wenn ihr (herein)gerufen werdet, und wenn ihr gegessen habt, dann geht auseinander, und (tut dies,) ohne euch mit geselliger Unterhaltung aufzuhalten. Solcherart (Verhalten) fügt dem Propheten Unbehagen zu, aber er schämt sich davor, euch (dies zu sagen). Allah aber schämt sich nicht vor der Wahrheit! Und wenn ihr die (Ehefrauen des Propheten) um etwas bittet, so bittet sie hinter einem Vorhang. Das ist reiner für eure Herzen und ihre Herzen. Und es steht euch nicht zu, den Gesandten Allahs zu belästigen, und auch nicht, jemals seine Gattinnen zu heiraten, wenn er (einmal) nicht mehr da ist. Dies wäre bei Allah gewiss etwas Ungeheuerliches!"[86]

Hierzu berichtet Enes Bin Malik (r.a.):

„Wenn der Prophet (s.a.w.s.) in die Gegend von Umm Suleym kam, pflegte er zu ihr zu gehen und sie mit dem Friedensgruß zu grüßen. Als sich der Prophet (s.a.w.s.) dann schließlich mit Zeyneb vermählte, sagte Umm Suleym zu mir: „Sollten wir dem Gesandten Allahs (s.a.w.s.) nicht etwas (zur Hochzeit) schenken?" Ich

85 Et-Tirmidhi: Sunen: Sifatul Qiyameh we Raqa'iq wel Wer'a; Kapitel 46, Nr. 2658.

86 33. Sura: El-Ehzab, Vers 53.

antwortete ihr: „Tu das!" Da nahm sie Datteln, Butter und Käse und vermischte alles in einem Topf, mit dem sie mich dann zu ihm schickte. Und so ging ich also damit zu ihm und er sagte zu mir: „Stell ihn ab." Anschließend trug er mir Folgendes auf: „Lade folgende Personen – deren Namen er mir nannte – zu mir ein und lade auch all jene ein, auf die du (unterwegs) triffst." Und so tat ich, wie mir geheißen.

Als ich ins Haus zurückkehrte, war dieses auf einmal voller Leute. Und da sah ich, wie der Prophet(s.a.w.s.) seine Hände über jene Speise hielt, (die ich zuvor mitgebracht hatte) und irgendetwas sprach. Danach rief er die Leute in Zehnergruppen herbei und sie aßen davon. Dabei sagte er zu ihnen: „Sprecht den Namen Allahs und dann esst ein jeder von dem, was vor ihm ist!" Schließlich leerte (sich das Haus) allmählich. Einige gingen fort und andere blieben und unterhielten sich und dies machte mich traurig. Der Prophet(s.a.w.s.) ging zu den Kammern (seiner Frauen). Ich ging ihm nach und sagte (zu ihm): „Sie sind gegangen!" Da ging er zurück ins Haus und zog die Gardinen zu. Ich aber blieb in der Kammer zurück und (hörte, wie er folgenden Quranvers) rezitierte:

„O die ihr glaubt, betretet nicht die Häuser des Propheten, ohne dass man euch, (wenn ihr zu) einem Essen (eingeladen seid), Erlaubnis (hierzu) erteilt und ohne (schon zuvor) auf die rechte Zeit zu warten, (bis das Essen fertig ist). Sondern tretet erst ein, wenn ihr (herein)gerufen werdet, und wenn ihr gegessen habt, dann geht auseinander, und (tut dies,) ohne euch mit geselliger Unterhaltung aufzuhalten. Solch (ein Verhalten) fügt dem Propheten Unbehagen zu, aber er schämt sich davor, euch (dies zu sagen). Allah aber schämt sich nicht vor der Wahrheit!"[87]

87 33. Sura: El-Ehzab, Vers 53.

Ebu Uthman (r.a.) berichtet hierzu, dass Enes (r.a.) sagte, dass er zehn Jahre im Dienste des Gesandten Allahs (s.a.w.s.) gestanden sei."[88]

Der Gesandte Allahs (s.a.w.s.) sagte über die außerordentlich wichtige Bedeutung des Charakterzuges der Haya für seine Gemeinschaft:

> *„Jede Religion hat einen (besonders ausgeprägten) Charakterzug und der Charakterzug des Islam ist die Schamhaftigkeit."*[89]

Und in einer anderen Überlieferung sagte der Gesandte Allahs (s.a.w.s) über die Schamhaftigkeit:

> *„Die Schamhaftigkeit ist Teil des Glaubens!"*[90]

---

88 El-Bukhari: Sahih: En-Nikah: El-Hediyetu lil Arus; Nr. 5163.

89 Ibn Madscheh: Sunen: Ez-Zuhd: El-Haya; Nr. 4181.

90 El-Bukhari: Sahih: El-Iman: El-Haya minel Iman; Nr. 24.

Die Emaneh des Gesandten Allahs (s.a.w.s.)

„Emaneh" ist die „Vertrauenswürdigkeit" und bedeutet, dass jemand stets die Wahrheit spricht, sein Wort hält und Ratschläge nur nach bestem Wissen und Gewissen erteilt.

Seit seiner Jugend sprachen die Mekkaner den Gesandten Allahs (s.a.w.s.) mit dem Ehrennamen „El-Emin" (der Vertrauenswürdige) an, denn sie wussten, dass man seinen Worten und Taten in jeder Lebenslage vertrauen konnte. Schon lange bevor er vom Erhabenen Allah die Prophetenschaft verliehen bekam, vertrauten ihm Menschen aus allen sozialen Schichten jene ihrer Wertgegenstände an, die sie nicht einmal ihren eigenen Kindern, Ehefrauen oder nahen Verwandten anvertrauen wollten.

An diesem Brauch hielten sie selbst dann noch fest, nachdem der Gesandte (s.a.w.s.) seine Prophetenschaft kundgetan hatte und von ihnen als Feind betrachtet wurde. Hieraus ergab sich dann das bizarre Bild, dass ein großer Teil der mekkanischen Oberschicht dem Propheten (s.a.w.s.) einerseits nach dem Leben trachtete, andererseits aber seine Wertgegenstände in dessen Obhut übergab.

Ihr Vertrauen in seine Ehrlichkeit war so unerschütterlich, dass sie sich nicht vorstellen konnten, dass er ihr Hab und Gut veruntreuen könnte, egal wie feindselig sie ihm auch immer gegenüberstanden. Volle zwölf Jahre vergingen vom Beginn seines Prophetentums bis zu seiner Auswanderung nach Medina, in denen der Prophet (s.a.w.s.) auch weiterhin auf das ihm anvertraute Gut der feindseliggestimmten Götzendiener aufpasste, ganz so, als sei nie etwas zwischen ihnen vorgefallen.

Als die Götzendiener schließlich einen Anschlag auf sein Leben planten und ihn damit zur Flucht aus Mekka zwangen, bat der Gesandte Allahs (s.a.w.s.) seinen Vetter Ali Bin Ebi Talib (r.a.) darum, solange in Mekka auszuharren, bis er das gesamte ihm anvertraute Gut an ihre Besitzer zurückgegeben hatte. Erst danach durfte auch Ali (r.a.) die Auswanderung nach Medina antreten.

Wir sehen also, dass der Gesandte Allahs (s.a.w.s.) auch in solch einer Extremsituation, in der es für ihn um Leben und Tod ging, nicht von seiner Vertrauenswürdigkeit abließ, sondern dafür sorgte, dass jeder sein Eigentum zurückerhielt.

Ibn Abbas (r.a.) berichtet:

> *„(Eines Tages) bestieg der Gesandte Allahs (s.a.w.s.) den Hügel Safa und rief: „Aufgepasst!“ Da fragten (die Leute) einander: „Wer ist's, der da ruft?“ Und (einige von ihnen) antworteten: „Muhammed!“ Da versammelten sie sich bei ihm und er sprach: „O ihr Söhne des Soundso! O ihr Söhne des Soundso! O ihr Söhne des Soundso! O ihr Söhne des Abdu Menaf! O ihr Söhne des Abdulmuttalib!“ Und als sie sich da alle um ihn versammelt hatten, sprach er:*
>
> *„Was meint ihr wohl? Wenn ich zu euch sagen würde, dass (gleich) ein Reitertrupp vom Fuße dieses Berges hier erscheinen würde, würdet ihr mir da glauben?“ Sie antworteten: „Wir haben es noch nie erlebt, dass du uns angelogen hättest!““*[91]

Und wie wir in jener Überlieferung gesehen haben, die von dem Treffen des byzantinischen Kaisers Hiraqle mit dem Anführer der mekkanischen Polytheisten Ebu Sufyan (r.a.) berichtet[92], musste selbst der Anführer der mekkanischen Polytheisten zähneknirschend eingestehen, dass der Prophet (s.a.w.s.) absolut vertrauenswürdig war und die beiden Fragen: *„Habt ihr ihn jemals*

---

91 Muslim: El-Iman: Fi Qawli Te'ala „We endhir Aschiratekel Eqrabin“; Nr. 208 (355).

92 Vgl. hierzu das Kapitel „Die Sidq des Gesandten Allahs (s.a.w.s.)“ in diesem Buch.

der Lüge bezichtigt, bevor er sagte, was er sagte?" und *„Betrügt er?"* jeweils mit *„Nein!"* beantworten.

Worauf ihm dann Hiraqle bescheinigte, dass die Vertrauenswürdigkeit des Gesandten Allahs (s.a.w.s.) ein eindeutiger Hinweis auf seine Prophetenschaft ist:

> *„Und ich fragte dich, ob ihr ihn der Lüge bezichtigt habt, bevor er sagte, was er sagte und du verneintest dies. Und da wusste ich, dass es nicht sein kann, dass er erst nicht die Leute belügt, dann aber Lügen über Allah erzählt. (...) Und ich fragte dich, ob er betrügt und du verneintest dies. Eben dies ist das Wesen der Gesandten: Sie betrügen nicht!"* [93]

Und Ebu Hurayrah (r.a.) berichtet, dass der Gesandte Allahs (s.a.w.s.) über den Unterschied zwischen der Vertrauenswürdigkeit eines Muslims und der Verschlagenheit eines Heuchlers Folgendes sagte:

> *„Der Heuchler hat drei Merkmale: Wenn er spricht, lügt er. Wenn er sein Wort gibt, bricht er es. Wenn ihm etwas anvertraut wird, unterschlägt er es!"* [94]

93 El-Bukhari: Sahih: Bid'ul Wahiyy; Kapitel 6, Nr. 7.

94 Ahmed: El-Musned: Musnedul Muketherin mine Sahabeh: Musned Ebi Hurayrah (r.a.); Nr. 8685.

Die Tapferkeit des Gesandten Allahs (s.a.w.s.)

Für den Muslim bedeutet Tapferkeit, die Gebote des Erhabenen Allah auch dann einzuhalten, wenn dies für ihn Unannehmlichkeiten mit sich bringen sollte. Auch unter widrigen Umständen verrichtet er sein Gebet, fastet im Monat Ramadan und setzt sich für die Aufrechterhaltung der göttlichen Gebote ein.

Um sich seine Tugendhaftigkeit bewahren und einen guten Charakter aneignen zu können, ist Mut unerlässlich. Der Gesandte Allahs (s.a.w.s.) war natürlich auch auf diesem Gebiet ein unerreichtes Vorbild für alle Muslime. Schon in seiner Kindheit und Jugend zeichnete er sich durch großen Mut und Tapferkeit aus und trotzte allen widrigen Umständen. Und auch im Erwachsenenalter zeigte er nicht nur Geduld, Sanftmut und Güte in allen Lebenslagen, sondern legte auch großen Mut an den Tag, wenn die Umstände es erforderten.

Der Gesandte Allahs (s.a.w.s.) behielt auch in schier ausweglosen Situationen einen kühlen Kopf und verlor nie seinen Mut. Wie ein Fels in der Brandung trotze er allen Stürmen und Wogen, die auf ihn hereinbrachen und keine noch so gefährliche Situation konnte seine Tapferkeit ins Wanken bringen. Als die Muslime sich gegen die Angriffe der Götzendiener verteidigen mussten, stand er stets tapfer an der Seite seiner Gefährten und ließ sie niemals im Stich. Welch große Stütze er hierbei doch für seine Gefährten war, zeigen folgende Überlieferungen:

Der Prophetengefährte Bera (r.a.) berichtet:

> *„Wenn es (auf dem Schlachtfeld) heiß herging, suchten wir Schutz beim Gesandten Allahs (s.a.w.s.). Und ein Held war jener, der mit ihm Seit an Seit stand!"*[95]

---

95 El-Bidayetu we Nihayetu: Sennetu Themanin minel Hidschrah: Band 4, Seite 328.

Und Ali Bin Ebi Talib (r.a.) berichtet:

> *„Am Tag von Bedr suchten wir beim Gesandten Allahs (s.a.w.s.) Schutz vor den Götzendienern. Er war der Mutigste unter den Leuten!"*[96]

Und als ein Mann zu Bera Bin Azib (r.a.) sagte:

> *„Seid ihr etwa am Tag von Huneyn davongelaufen (und habt) den Gesandten Allahs (s.a.w.s.) (im Stich gelassen)?", antwortete ihm dieser:*
>
> *„(Ja!) Aber der Gesandte Allahs (s.a.w.s.) lief nicht davon. Hawazin war ein Volk von Bogenschützen. Als wir mit ihnen zusammenstießen, stürmten wir auf sie los und sie ergriffen die Flucht. Und als sich da die Muslime mit der Kriegsbeute beschäftigten, beschossen sie uns mit Pfeilen. Was aber den Gesandten Allahs (s.a.w.s.) betrifft, so lief er nicht davon. Ich sah ihn auf seinem weißen Maultier (sitzen) und Ebu Sufyan hatte dessen Saum ergriffen. Der Prophet (s.a.w.s.) aber rief: „Ich bin der Prophet, dies ist keine Lüge! Ich bin der Nachkomme des Abdulmuttalib!""*[97]

Der Gesandte Allahs (s.a.w.s.) fürchtete nur den Erhabenen Allah und bot seinen Gefährten jederzeit Schutz und Sicherheit.

Als der Gesandte Allahs (s.a.w.s.) auswanderte, nahmen die Mekkaner seine Verfolgung auf. Als diese am Eingang jener Höhle auf dem Gipfel des Berges Thewr ankamen, in der sich der Prophet (s.a.w.s.) gemeinsam mit seinem Gefährten Ebu Bekr (r.a.) verborgen hielt, begann sich Ebu Bekr (r.a.) Sorgen um den Gesandten Allahs (s.a.w.s.) zu machen. Er fürchtete, dass ihn die Mekkaner gefangen nehmen und ihm Schaden zufügen könnten. Als der

---

96 Ebd.: Tetimmetu Senneti Ihda Aschera minel Hidschrah: Band 6, Seite 37.

97 El-Bukhari: Sahih: El-Dschihad we Siyyer: Men qade Dabbeh; Nr. 2864.

Gesandte Allahs (s.a.w.s.) sah, dass sein Gesicht vor Furcht ganz gelb geworden war, beruhigte er ihn mit einem Lächeln und rezitierte folgenden Quranvers:

„Sei nicht traurig! Allah ist mit uns!" [98]

Und Enes Bin Malik (r.a.) berichtet:

> *„Der Gesandte Allahs (s.a.w.s.) war der beste und tapferste aller Menschen. Als die Bewohner Medinas eines Nachts von einem Geräusch aufgeschreckt wurden, gingen sie in jene Richtung (aus der das Geräusch gekommen war). Da kam ihnen der Prophet (s.a.w.s.) entgegen, denn auch er war dabei, der Sache auf den Grund zu gehen. Er saß auf dem ungesattelten Pferd von Ebu Talha und hatte sich sein Schwert um die Schulter gehängt und rief: „Fürchtet euch nicht! Fürchtet euch nicht!"* [99]

98 9. Sura: Et-Tewbeh, Vers 40.

99 El-Bukhari: Sahih: El-Dschihad we Siyyer: El-Hama'ilu we Taliqu Seyf bil Unuq; Nr. 2908.

Die Freigiebigkeit des Gesandten Allahs (s.a.w.s.)

Freigiebigkeit bedeutet, sein Hab und Gut, im Rahmen jener Kapazitäten, die einem zur Verfügung stehen, zum Wohle seiner Mitmenschen einzusetzen, ohne dafür eine Gegenleistung zu erwarten.

Die Freigiebigkeit des Gesandten Allahs (s.a.w.s.) kannte keine Grenzen. Bei jeder sich nur bietenden Gelegenheit, gab er den Bedürftigen alles, was ihm zur Verfügung stand und unterstützte seine Verwandten, Freunde und Gefährten bis zur Selbstaufopferung.

Eigentlich bedeutet der Begriff Großzügigkeit ja, von seinem Besitz so viel abzugeben, dass man selbst noch genug für sein eigenes Auskommen hat. Der Prophet (s.a.w.s.) aber ging weit über dieses Maß hinaus und gab seinen Mitmenschen auch dann, wenn er selbst hierdurch in Not geriet und nichts mehr für ihn selbst übrigblieb. Deshalb muss man, wenn man von seinem Charakter spricht, viel mehr von Selbstaufopferung als von Freigiebigkeit sprechen...

Er stillte den Hunger der Hungrigen und den Bedarf der Bedürftigen. Nie strebte er danach, eigenes Hab und Gut anzuhäufen, sondern stets war er darauf bedacht, alles was ihm zukam, an die Armen zu verteilen. Am meisten aber unterstützte er die „Ehlu Suffeh“, also jene Armen unter den Bewohnern Medinas, die über keinen eigenen Besitz verfügten und lieber nach seiner Nähe und religiösem Wissen strebten, als nach irdischen Gütern.

Hasan Bin Thabit (r.a.) berichtet über die Freigiebigkeit des Propheten (s.a.w.s.):

> *„Niemals sagte er „la“(nein), außer wenn er das Glaubensbekenntnis („La Ilahe illAllah“) sprach. Hätte es das Glaubens-*

> *bekenntnis nicht gegeben, hätten wir von ihm niemals „la, la" gehört!"*[100]

Und Ibn Munkebir (r.a.) sagte hierzu:

> *„Nie bat man den Propheten (s.a.w.s.) um eine Sache und er antwortete darauf mit „La!""*[101]

Hab und Gut besaß in seinen Augen keinen Wert an sich, denn er wusste, dass dieses erst dann einen Wert erhielt, wenn es auf dem Weg des Erhabenen Allah ausgegeben wurde. Deswegen war er großzügiger als der Regen und erwiderte auch die kleinsten Geschenke mit Gegengeschenken.

Rubeyyi Bint Mu'awwidh (r.a.) berichtet:

> *„(Mein Vater) Mu'awwidh Bin Afra schickte mich mit einem Teller frischer Datteln und kleinen flaumigen Gurken zum Gesandten Allahs (s.a.w.s.). Der Gesandte Allahs (s.a.w.s.) liebte Gurken. Und da (vor ihm) Schmuck (lag), der gerade aus Bahrain gebracht worden war, füllte er seine beiden Hände damit, übergab ihn mir und sprach: „Schmück dich damit!""*[102]

Mit seiner unbeschreiblichen Freigiebigkeit konnte der Gesandte Allahs (s.a.w.s.) sogar die Herzen seiner erbittertsten Gegner für die Annahme des Glaubens erwärmen. Dies sieht man am Beispiel des Übertritts Safwan Bin Umeyyehs (r.a.) zum Islam. Dieser war ein Götzendiener aus Mekka gewesen, der sich auch nach der Eroberung Mekkas durch die Muslime nicht dazu entschließen wollte, den Is-

---

100 Tarikhul Baghdad: Es-Sin: Dhikru men Ismuhu Suwar; Band 9, Seite 210.

101 El-Bukhari: Sahih: El-Edeb: Husnul Khuluq we Sekha; Nr. 6034.

102 Taberani: Mu'dschemul Kubra: Musnedu Nisa: Er-Ra: Ebu Ubeydeh Bin Muhammed Bin Ammar Bin Yasir (r.a.) an Rubeyyi (r.a.); Nr. 697 und Ahmed: El-Musned: Musnedu Nisa: Hadith Rubeyyi Bint Mu'awwidh Bin Afra (r.a.); Nr. 27023.

lam anzunehmen. Trotzdem gewährte ihm der Gesandte Allah (s.a.w.s.) seinen Schutz und schenkte ihm die Freiheit.

Als sich der Prophet (s.a.w.s.) bald darauf in die Ortschaft Dschi'irraneh in der Nähe Mekkas begab, um die Kriegsbeute zu begutachten, kam es zu folgendem Vorfall:

> *„Dann kehrte der Gesandte Allahs (s.a.w.s.) nach Dschi'irraneh zurück. Als der Gesandte Allahs (s.a.w.s.) durch die Kriegsbeute ritt, betrachtete er sie. Bei ihm war Safwan Ibn Umeyyeh. Safwan betrachtete sich das mit Kamelen, Schafen und Hirten angefüllte Tal. Und während sich seine Betrachtung in die Länge zog, sah ihm der Gesandte Allahs (s.a.w.s.) dabei zu und sagte schließlich: „Ebu Wehb! Gefällt dir dieses Tal?" Dieser antwortete: „Ja!" Er sagte: „Es gehört dir und alles, was sich in ihm befindet!" Als er dies hörte, sagte Safwan: „Keiner verschenkt solch eine Sache derart unbekümmert außer ein Prophet! Ich bezeuge, dass es keine Gottheit neben Allah gibt, und dass Muhammed Sein Diener und Gesandter ist!" und noch an Ort und Stelle nahm er den Islam an."*[103]

Safwan (q.s.) ging später zu seinem Volk zurück und erzählte ihm mit folgenden Worten von der unbeschreiblichen Großzügigkeit des Gesandten Allahs (s.a.w.s.):

> *„O mein Volk! Nehmt den Islam an, denn bei Allah: Muhammed ist so freigebig im Geben, dass er dabei nicht einmal befürchtet, hierdurch (selbst) zu verarmen!"*[104]

Und der Vater von Musa Bin Enes (r.a.) berichtet:

> *„Jedes Mal, wenn der Gesandte Allahs (s.a.w.s.) um etwas gebeten wurde, was dazu beitrug, dass jemand den Islam annimmt, gab er es*

---

103 Meghazil Waqidiyy: Scha'nu Ghazwetil Feth; Band 2, Seite 854f.

104 Muslim: El-Feda'il: 58: Ma su'ile Rasulullahi (s.a.w.s.); Nr. 2312.

her. Einmal kam ein Mann zu ihm und da gab er ihm ein Tal voller Schafe. Dieser kehrte zu seinem Stamm zurück und sagte: „O mein Volk! Nehmt den Islam an! Muhammed ist so freigebig, er fürchtet sich nicht vor der Armut! ""[105]

Und Enes Bin Malik (r.a.) sagte: „Wenn einer nur zum Islam übertritt, weil er sich davon einen irdischen Vorteil verspricht, wird (sich sein Wesen), nachdem er den Islam angenommen hat, solange verändern, bis er schließlich den Islam mehr liebt, als die irdische Welt und alles, was sich in ihr befindet!"[106]

Und ein Dichter verfasste einmal folgende schöne Verse über die Freigiebigkeit des Propheten Muhammed (s.a.w.s.):

Was ist schon der Wolken freigiebiger Regen
Im Vergleich zu deinem freigiebigen Geben?
Die Wolken geben und weinen hierbei,
Du aber gibst und lächelst dabei!

Der Prophet (s.a.w.s.) fasste die Vorzüge der Freigiebigkeit und die Gefahren des Geizes in einem seiner Aussprüche folgendermaßen zusammen:

„Der Großzügige ist Allah nahe, dem Paradies nahe, den Menschen nahe und dem Feuer fern. Der Geizige aber ist Allah fern, dem Paradies fern, den Menschen fern und dem Feuer nahe. Der großzügige Unwissende ist Allah lieber als der geizige Abd (Gottesdiener)!"[107]

105 Muslim: El-Feda'il: 57: Ma su'ile Rasulullahi (s.a.w.s.); Nr. 2312.

106 Ebd.

107 Et-Tirmidhi: Sunen: El-Birr we Sileh: Ma dscha'e fi Sekha'i; Nr. 2076.

Die Vertragstreue des Gesandten Allahs (s.a.w.s.)

Wer vertragstreu ist, hält sich an seine Vereinbarungen und fühlt sich solange an seine Verträge gebunden, bis deren vereinbarte Frist abgelaufen ist oder diese zuvor von den Vertragspartnern gebrochen werden.

Der Gesandte Allahs (s.a.w.s.) hielt sich an all seine Versprechen und war allen Menschen gegenüber aufrichtig. Hierbei machte er keinen Unterschied zwischen seinen Gegnern und seinen Gefährten und hielt sich ohne Wenn und Aber an einmal getroffene Vereinbarungen. Wenn er ein Versprechen erst einmal gegeben hatte, hielt er dieses unter allen Umständen ein.

Abdullah Bin Ebil Hamsa (r.a.) berichtet:

> *„Noch bevor der Prophet (s.a.w.s.) zum Propheten berufen worden war, machte ich einmal einen Handel mit ihm. Und da ich ihm hierbei noch etwas schuldig geblieben war, versprach ich ihm, ihn an jenem Ort aufzusuchen, wo er sich gerade aufhielt, um ihm meine Schuld zu begleichen. Doch ich vergaß es. Nach drei Tagen fiel es mir wieder ein und da ging ich an diesen Ort und tatsächlich war er immer noch dort und sprach: „Junger Mann! Du hast mir Umstände bereitet. Seit drei Tagen warte ich hier nun schon auf dich!"*[108]

Der Gesandte Allahs (s.a.w.s.) hielt nicht nur selbst seine Versprechen gegenüber seinen Gegnern ein, sondern forderte dies auch von seinen Gefährten.

Hudheyfeh Bin el-Yeman (r.a.) berichtet hierzu:

> *„Das einzige, was mich davon abhielt, an der (Schlacht) von Bedr teilzunehmen, war, dass die Leugner von den Quraysch mich*

108 Ebu Dawud: Sunen: El-Edeb: Fil Iddeh; Nr. 4996.

und Ebu Khuseyl in die Finger bekamen, als wir (von Mekka aus) aufbrachen, (um an der Schlacht von Bedr teilzunehmen). Sie sagten: „Ihr wollt doch bestimmt zu Muhammed!" Wir entgegneten: „Wir wollen nicht zu ihm. Wir wollen nur nach Medina!" Da mussten wir bei Allah einen Eid ablegen, dass wir unsere Reise nach Medina fortsetzen und nicht (in Bedr Halt machen, um) gemeinsam mit ihm (gegen sie) zu kämpfen.[109] *Als wir (in Bedr) zum Gesandten Allahs* (s.a.w.s.) *kamen und ihm hiervon berichteten, sagte er: „Reist (nach Medina) weiter! Wir wollen den Eid, den ihr ihnen geleistet habt, einhalten und Allah bitten, uns gegen sie beizustehen!""*[110]

Und so sorgte der Gesandte Allahs (s.a.w.s.) dafür, dass die Vereinbarungen mit seinen Gegnern auch dann eingehalten wurden, wenn dies seinen Gefährten äußerst schwer fiel und ihm selbst zum Nachteil gereichte.

Als der Prophet (s.a.w.s.) mit den Mekkanern den Friedensvertrag von Hudeybiyyeh abgeschlossen hatte, in dem festgeschrieben wurde, dass alle Mekkaner, die ohne Erlaubnis ihres Vormundes zu ihm nach Medina flohen, an die Mekkaner ausgeliefert werden sollten, geschah folgende Geschichte:

Ebu Dschendel (r.a.) war der Sohn des mekkanischen Götzendieners Suheyls, einem der erbittertsten Feinde des Islam. Als Ebu Dschendel (r.a.) Muslim wurde, versuchte sein Vater mit allen Mitteln ihn vom Islam abzubringen. Er ließ ihn in Ketten legen und sperrte ihn ein. Doch Ebu Dschendel (r.a.) ließ sich davon nicht einschüchtern und machte sich mit Ketten an den Füßen auf die Flucht, um zum Gesandten Allahs (s.a.w.s.) zu gelangen. Als er bei Hudeybiyyeh zu den Muslimen stieß, war sein Vater als Vertreter der Quraysch

---

109 Der Ort Bedr liegt auf dem Weg von Mekka nach Medina, etwa 150 km südwestlich von Medina und 310 km nordwestlich von Mekka.

110 Muslim: El-Dschihad: 98: El-Wefa'u bil Ahd; Nr. 1787.

gerade dabei, mit dem Gesandten Allahs (s.a.w.s.) den Friedensvertrag von Hudeybiyyeh auszuhandeln.

> *„Man brachte Ebu Dschendel Bin Suheyl Bin Amr, der zum Gesandten Allahs geflohen war, in Ketten daher. (...) Als ihn sein Vater sah, stand er auf und schlug ihn ins Gesicht. Dann sagte er: „O Muhammed! Der Vertrag zwischen mir und dir war bereits gültig, bevor du diesen (Vertrag hier) geschlossen hast!" Dieser antwortete: „Das stimmt."*

Anschließend griff er ihn am Kragen (und zerrte ihn weg). Hierbei schrie Ebu Dschendel (r.a.) so laut er nur konnte: *„O Muslime! Schickt ihr mich etwa zurück zu den Polytheisten, die mich wegen meiner Religion unterdrücken?"*

Dies setzte den Leuten schwer zu, zumal sie bereits so einiges zu ertragen hatten. Der Gesandte Allahs (s.a.w.s.) aber sprach:

> *„O Ebu Dschendel! Bleib standhaft und sei guter Hoffnung! Der Erhabene Allah wird dir und den Unterdrückten, die mit dir sind, Erleichterung verschaffen und einen Ausweg zeigen! Wir haben mit dem Stamm (der Quraysch) einen Friedensvertrag geschlossen. Wir machten ihnen Zusagen und sie gaben uns ihr Wort. Wir werden sie nicht hintergehen!""*[111]

Und in einer Predigt sagte der Gesandte Allahs (s.a.w.s.) zu seinen Gefährten:

> *„Es erzürnt Allah, wenn man den Vertrag mit Ihm bricht."*[112]

111 Ahmed: Musned: Musnedul Kufiyyin: Hadithul Miswer Bin Makhrameh (r.a.); Nr. 18910.

112 Ibn Hischam: Es-Siyratu Nebewiyyeh: Hidschratu Rasuli (s.a.w.s.): Khutbetuhu Thaniyetu (s.a.w.s.).

Die Loyalität des Gesandten Allahs (s.a.w.s.)

Loyalität ist ein Gefühl tiefer Verbundenheit und Treue, das damit einhergeht, dass man jenes Gute, das man von Seiten seiner Mitmenschen erfährt, weder vergisst noch kleinredet, sondern zumindest mit Gleichem vergilt, wenn sich die Gelegenheit dazu bietet.

Der Vater des Gesandten Allahs (s.a.w.s.) starb noch vor dessen Geburt und im Alter von sechs Jahren verlor er auch seine Mutter. Nachdem er eine Weile in der Obhut seiner Pflegemutter Halimeh (r.a.) verblieben und auch sein Großvater verstorben war, wuchs er bei seinem Onkel Ebu Talib auf.

Jene Barmherzigkeit und Zuwendung, die er als Kind von seinen engsten Verwandten erfahren hatte, vergaß der Prophet (s.a.w.s.) sein Leben lang nicht, sondern erwies diesen bei jeder sich nur bietenden Gelegenheit seine Treue und Loyalität. Als beispielsweise Ebu Talibs Gattin, die ihn einst wie einen eigenen Sohn erzogen hatte, den Islam annahm und nach Medina auswanderte, empfing er sie dort mit offenen Armen. Und als sie dort schließlich zu Grabe getragen wurde, brachte er seine Trauer über diesen Verlust mit folgenden Worten zum Ausdruck: *„Heute ist meine Mutter gestorben!“*

Daraufhin hüllte er sie mit seinen eigenen Händen in sein Hemd ein und bestattete sie anschließend unter großer Anteilnahme. Dieses Ereignis wird folgendermaßen überliefert:

> *„Fatimah Bint Esed Bin Haschim, die Frau Ebu Talibs und Mutter all seiner Kinder, war es, die ihn (also den Gesandten Allahs (s.a.w.s.)) großzog. Sie war eine vortreffliche Muslimin und er sagte (über ihren Tod): „Heute ist meine Mutter gestorben!" und dann wickelte er sie in sein Hemd ein, stieg zu ihr ins Grab hinab und legte sich zu ihr. Und als man da zu ihm sprach:*

„O Gesandter Allahs! Deine Trauer über Fatimah ist sehr tief!", erwiderte er: „Sie war meine Mutter!"[113]

Und Ali Bin Ebi Talib (r.a.) berichtet hierzu:

„Nachdem man sie mit Erde bedeckt hatte, sagte einer: „O Gesandter Allahs! Wir sahen dich etwas machen, das du zuvor noch bei keinem anderen gemacht hast!"

Da sagte er: „Ich zog ihr mein Hemd an, auf dass sie ein Gewand der Paradiesgewänder tragen möge und ich legte mich zu ihr ins Grab, auf dass ihr dies die Enge des Grabes erträglicher machen möge. Nach Ebu Talib war sie jenes unter den Geschöpfen Allahs, das mich am besten behandelt hatte!""[114]

Und als der Gesandte Allahs (s.a.w.s.) bei seiner Umrah von Hudeybiyyeh durch den Ort El-Ebwa in der Nähe Mekkas kam, sagte er:

„Allah hat es Muhammed erlaubt, das Grab seiner Mutter zu besuchen!"

Anschließend ging der Gesandte Allahs (s.a.w.s.) zu ihrem Grab, pflegte es und weinte dort. Und weil der Gesandte Allahs (s.a.w.s.) weinte, weinten auch all seine Gefährten, die ihn bei seiner Umrah begleitet hatten. Und als man ihn schließlich fragte, warum er denn weine, antwortete er: „Ich wurde von ihrer Barmherzigkeit übermannt und da musste ich weinen!"[115]

---

113 Tarikhul Ya'qubiyy: Mewlidu Rasulillahi (s.a.w.s.); Band 1, Seite 335f.

114 Et-Taberani: El-Mu'dschemul Ewsat: El-Mim: Men Ismuhu Muhammed; Nr. 6935.

115 Ibn Sa'd: Et-Tabeqatul Kubra: Es-Siyratu Nubuwiyyetu Scherifeh: Dhikru Wefati Aminete Umm Rasulillahi (s.a.w.s.); Band 1, S. 94.

Und über seine Amme Umm Eymen (r.a.) sagte der Gesandte Allahs (s.a.w.s.):

> *„Umm Eymen ist meine Mutter nach meiner Mutter!"*[116]

Er behandelte Umm Eymen (r.a.) äußerst liebevoll und wenn sie ihn besuchen kam, freute er sich so sehr, dass er seinen Mantel vor ihr ausbreitete und sie bat, darauf Platz zu nehmen.

Der Prophetengefährte Muhammed Bin Munkedir (r.a.) überliefert hierzu:

> *„Eine Frau bat um Einlass beim Propheten (s.a.w.s.). Sie war seine Amme. Als sie bei ihm eintrat, sagte er: „Meine Mutter! Meine Mutter!", nahm seinen Umhang, breitete ihn für sie (auf dem Boden aus) und dann setzte sie sich darauf."*[117]

Und der Prophetengefährte Ebu Tufeyl (r.a.) berichtet über eines jener Zusammentreffen des Propheten (s.a.w.s.) mit seiner Milchmutter Umm Eymen (r.a.):

> *„Ich sah den Propheten (s.a.w.s.), wie er in el-Dschi'irraneh*[118] *Fleisch aufteilte. Ich war an jenem Tag noch ein Junge und transportierte die Knochen der geschlachteten Kamele. Da kam eine Frau und näherte sich dem Propheten (s.a.w.s.). Er breitete seinen Umhang für sie aus und sie setzte sich darauf. Und als ich da fragte: „Wer ist das?", antwortete man mir: „Das ist seine Mutter, die ihn stillte!""*[119]

---

116 Esed el-Ghabeh: En-Nisa: El-Kunye mine Nisa'i Sahabiyat: El-Hemzeh: Umm Eymen Mewlatu Rasulillah; Nr. 7363.

117 Ibn Sa'd: Ebd: Dhikru men erda'a Rasulallah (s.a.w.s.); Band 1, Seite 92.

118 El-Dschi'irraneh ist ein Ort in der Nähe von Mekka.

119 Ebu Dawud: Sunen: El-Edeb: Fi Birril Walideyn; Nr. 5144.

Wie edel der Charakter des Propheten (s.a.w.s.) war, zeigt, dass seine Loyalität nicht nur jenen galt, die ihm nahestanden, sondern auch deren Freunden. Seine Ehefrau Khadidscheh (r.a.) war noch in mekkanischer Zeit verstorben, aber eine Freundin von ihr, wanderte im Zuge der Hidschrah mit den Muslimen nach Medina aus. Auch viele Jahre nach dem Tod seiner geliebten Ehefrau hatte der Prophet (s.a.w.s.) ihre Freundschaft zu dieser Frau nicht vergessen und wenn man ihm Geschenke machte, schickte er diese manchmal weiter zu ihr.

Enes Bin Malik (r.a.) berichtet hierzu:

> *„Wenn dem Propheten (s.a.w.s.) ein Sache (als Geschenk) überbracht wurde, pflegte er zu sagen: „Bringt es der Soundso, denn sie war eine Freundin von Khadidscheh! Bringt es zum Haus der Soundso, denn sie liebte Khadidscheh!""*[120]

Auch jene Wohltaten, die man seinen Gefährten entgegenbrachte, vergaß der Gesandte Allahs (s.a.w.s.) nicht, so wie dies von Ebu Qatadeh (r.a.) überliefert wird:

> *„Als eine Gesandtschaft des Nedschaschi (Königs von Abessinien) vor den Propheten (s.a.w.s.) gebracht wurde, stand er auf und bediente sie persönlich. Da sagten seine Gefährten: „Wir machen das für dich, o Gesandter Allahs!" Doch er erwiderte ihnen: „Weil sie (einst) meinen Gefährten ihre Gastfreundschaft erwiesen, möchte ich mich ihnen gerne persönlich erkenntlich zeigen!""*[121]

Und Ebu Hurayrah (r.a.) berichtet:

> *„Es gab da eine Schwarze, die die Moschee reinigte. Eines Tages starb sie. Später erkundigte sich der Prophet (s.a.w.s.) nach ihr und*

---

120 El-Bukhari: El-Edebul Mufred: Qawlul Ma'ruf; Nr. 232.

121 El-Beyheqi: Schu'abul Iman: 62: Fi Raddi Selam: Fil Mukafeti bi Sana'i; Nr. 9125.

als sie ihm da sagten, sie sei gestorben, sprach er: „Hättet ihr mir das nicht mitteilen können? Zeigt mir ihr Grab!" Danach ging er zu ihrem Grab und verrichtete für sie das (Toten)gebet."[122]

Der Gesandte Allahs (s.a.w.s.) sagte:

„Wer will, dass ihm sein Lebensunterhalt vermehrt und seine Lebensfrist verlängert wird, der soll den Kontakt mit seinen Verwandten pflegen!"[123]

---

122 El-Bukhari: Sahih: Es-Salah: Kensul Mesdschid we Tiqatul Khiraq; Nr. 458.

123 Muslim: El-Birr we Sileh: 21: Siletu Rahim; Nr. 2557.

Die Gerechtigkeitsliebe des Gesandten Allahs (s.a.w.s.)

Gerecht zu sein bedeutet, unvoreingenommen an eine Sache heranzugehen und dabei alle relevanten Umstände zu berücksichtigen, niemanden zu hintergehen oder zu bevorzugen und anschließend eine Entscheidung zu treffen, die allen Parteien gerecht wird. Erkennt man in einer Angelegenheit eine Ungerechtigkeit, ist diese entweder so weit als möglich zu unterbinden oder wenn dies nicht mehr möglich ist, im Nachhinein zu beheben und einen Ausgleich herbeizuführen.

Die Zeit der Unwissenheit war eine Zeit, in der jede nur denkbare Ungerechtigkeit an der Tagesordnung war. Gerecht war, was billig war. Es galt nicht das Recht des Gesetzes, sondern das Recht des Stärkeren. Der Stärkere, Mächtigere, Einflussreichere konnte sich im Prinzip eine jede Ungerechtigkeit herausnehmen, denn für den Schwächeren, Machtlosen und Einflusslosen gab es keine Möglichkeit, sich Gerechtigkeit zu verschaffen. Im Gegenteil prahlte man noch damit, wenn man seine eigene Stärke gegenüber den Schwächeren ausnutzte und sich auf diese Weise deren Besitz aneignete oder sich andere unlautere Vorteile verschaffte.

Die eigene Macht und Stärke leitete man hierbei größtenteils von der Macht und Stärke der Vorfahren her. Herkunft, Familien- und Stammeszugehörigkeit machten den Unterschied zwischen den einzelnen Gesellschaftsmitgliedern aus und wenn ein Angehöriger eines einflussreichen Stammes eine Ungerechtigkeit beging, breitete man geflissentlich den Mantel des Schweigens darüber.

Sollte es doch einmal einer wagen, einen Ausgleich für erlittenes Unrecht zu verlangen oder die Bestrafung des Übeltäters zu fordern, ging man mit der geballten Macht des Stammes dagegen vor. Hierbei spielte es keine Rolle, ob das Stammesmitglied im

Recht oder Unrecht war, denn die Tradition der Stämme verlangte es, dass ein Angriff auf ein Stammesmitglied, wie ein Angriff auf den gesamten Stamm betrachtet wurde.

Da es häufig schon wegen Nichtigkeiten zu Feindseligkeiten und Stammesfehden kam, blieb dem Schwächeren nichts anderes übrig, als erlittenes Unrecht zu erdulden, denn wenn er sich erdreistete, sein Recht einzufordern, machte er sich den ganzen Stamm seines Gegners zum Feind.

Arme, Sklaven und Waisen waren deshalb nicht nur leichte Opfer für Reiche, Freie und Einflussreiche, sondern auch die einzigen, die damit rechnen mussten, dafür bestraft zu werden, wenn sie eine Ungerechtigkeit begingen. Die Einflussreichen und Mächtigen brauchten keine Sanktionen zu fürchten und wurden für ihre Ungerechtigkeiten auch noch dadurch belohnt, dass ihnen ihresgleichen dafür anerkennend auf die Schulter klopften.

Der Gesandte Allahs (s.a.w.s.) stellte sich vehement gegen diesen Brauch seiner Zeitgenossen. Schon seit frühesten Jugend an, war er ein Vorbild an Gerechtigkeit und Wahrheitsliebe und behandelte vor allem die Sklaven, Armen und Waisen besonders fürsorglich. Alle Arten von Ungerechtigkeit waren ihm ein Gräuel und er akzeptierte diese nicht, egal von wem sie wem gegenüber begangen wurden. Er mahnte nicht nur einen jeden zu Gerechtigkeit, sondern war selbst die personifizierte Gerechtigkeit schlechthin. Die folgende Überlieferung ist ein anschauliches Beispiel für seine Gerechtigkeitsliebe:

Aischa (r.a.) berichtet:

> *„Die Quraysch sorgten sich um eine (edle) Frau vom Stamm der Makhzum, die einen Diebstahl begangen hatte (und nun dafür bestraft werden sollte) und sprachen: „Wer könnte denn für sie beim Gesandten Allahs (s.a.w.s.) Fürsprache einlegen?“ Schließlich*

sagten sie: „Keiner außer Usameh, den der Gesandte Allahs (s.a.w.s.) sehr mag, kommt hierfür in Frage!"

Und als da Usameh mit dem Gesandten Allahs (s.a.w.s.) sprach, erwiderte ihm dieser: „Willst du etwa Fürsprache in einer Angelegenheit einlegen, bei der es um eine von Allah vorgeschriebene Strafe geht?" Anschließend stand er auf und hielt eine Predigt, in der er sprach:

„O ihr Menschen! Nichts anderes führte den Untergang jener herbei, die vor euch lebten, als dass sie nichts unternahmen, wenn eine angesehene Person unter ihnen einen Diebstahl beging. Wenn aber eine schwache Person einen Diebstahl beging, vollzogen sie an ihr die Strafe!""[124]

Der Gesandte Allahs (s.a.w.s.) ließ stets Gerechtigkeit walten. Er wollte, dass es jedem, dem ein Unrecht widerfahren war, möglich sein sollte, sein Recht einzufordern. Dies wird durch folgende Überlieferung von Dschabir Bin Abdillah (r.a.) und Ibn Abbas (r.a.) bezeugt:

„Als die Sura En-Nasr offenbart wurde, sagte Muhammed (s.a.w.s.):

„O Dschibril! Ich habe erfahren, dass ich sterben werde!"

Dschibril entgegnete ihm: „Das Jenseits ist besser für dich als das Diesseits. Dein Herr wird dich belohnen und du wirst zufrieden sein."[125]

Da trug der Gesandte Allahs (s.a.w.s.) Bilal auf, zum Gemeinschaftsgebet zu rufen und die Auswanderer (Muhadschir) und Helfer (Ensar) versammelten sich in der Moschee des Gesandten

124 Muslim: El-Hudud: 8: Qat'u Sariqi Scherifi we Ghayrihi; Nr. 1688.

125 93. Sura: Ed-Duha, Vers 4f.

Allahs (s.a.w.s.) und er verrichtete das Gebet mit der Gemeinde und bestieg dann die Kanzel. Dort brachte er erst den Lobpreis auf Allah aus und hielt dann eine Predigt, die die Herzen mit Furcht und die Augen mit Tränen erfüllte.

Dann fragte er:

„O ihr Leute! Was für ein Prophet war ich euch?“

Sie antworteten: „Möge es dir Allah auf beste Weise vergelten! Du warst uns wie ein barmherziger Vater und ein aufrichtiger und besorgter Bruder. Du überbrachtest uns die Botschaften Allahs und verkündetest uns Seine Offenbarung und riefest uns mit Weisheit und guter Ermahnung auf den Weg deines Herrn. Möge Allah dich dafür mit dem besten Lohn belohnen, den Er einem Propheten zuteilwerden ließ!“

Dann fuhr er fort: „O ihr Muslime! Ich beschwöre euch im Namen Allahs und bei jenem, das ich bei euch guthabe. Sollte es einen geben, dem ich ein Unrecht zugefügt habe, so möge er kommen und sein Recht von mir fordern, bevor der Ausgleich am Tage der Auferstehung stattfinden wird!“

Als keiner aufstand, beschwor er sie ein zweites Mal, doch wieder stand keiner auf und so beschwor er sie auch noch ein drittes Mal: „O ihr Muslime! Sollte es einen geben, dem ich ein Unrecht zugefügt habe, so möge er kommen und sein Recht von mir fordern, bevor der Ausgleich am Tage der Auferstehung stattfinden wird!“

Und da erhob sich unter den Muslimen ein alter Mann, den man Ukkascheh nannte. Er schob sich solange durch die Muslime, bis er schließlich vor dem Propheten (s.a.w.s.) angelangt war und sprach: „Mögen mein Vater und meine Mutter für dich aufgeopfert werden! Wenn du uns nicht wieder und wieder beschworen hättest, wäre ich nicht vor dich getreten. Ich war (einst) mit dir auf einer Schlacht. Allah verhalf uns zum Sieg und Er stand Seinem Propheten (s.a.w.s.) bei. Als wir anschließend dabei waren, uns zurückzuziehen, stießen unser beider Kamele aneinander. Ich stieg vom Kamel ab und näherte mich dir, um deinen Oberschenkel zu küssen. Doch da hobst du deine Reitgerte und schlugst mir damit auf meine Hüfte. Und ich weiß nicht, ob dies deine Absicht war oder ob du damit das Kamel antreiben wolltest."

Da sagte der Gesandte Allahs (s.a.w.s.): „O Ukkascheh! Ich suche bei der Erhabenheit Allahs Zuflucht für dich, dass dich der Gesandte Allahs absichtlich schlägt!

O Bilal! Geh zum Haus von Fatimah und bring mir die lange dünne Reitgerte." Bilal verließ die Moschee, legte dabei seine Hand auf seinen Kopf und rief: „Da! Der Gesandte Allahs (s.a.w.s.) möchte an sich selbst Wiedervergeltung üben!"

[...]

Als Bilal in die Moschee zurückkam und die Gerte dem Gesandten Allahs (s.a.w.s.) übergab, reichte sie dieser an Ukkascheh weiter.

[...]

Dann sagte der Prophet (s.a.w.s.): „O Ukkascheh! Schlag zu, wenn du zuschlagen willst!"

Dieser aber sagte: „O Gesandter Allahs! Als du mich schlugst, war mein Bauch entblößt!" Und so entblößte auch der Prophet (s.a.w.s.) seinen Bauch.

Die Muslime schrien laut auf und weinten: „Wird Ukkascheh etwa den Gesandten Allahs (s.a.w.s.) auf den Bauch schlagen?"

Als Ukkascheh den weißen Bauch des Propheten(s.a.w.s.) zu sehen bekam, der weiß wie Baumwolle war, konnte er sich nicht mehr zurückhalten. Er bückte sich vor, küsste seinen Bauch und sprach: „Mögen mein Vater und meine Mutter für dich aufgeopfert werden! Wer könnte es übers Herz bringen, Wiedervergeltung an dir zu üben?“

Doch der Prophet(s.a.w.s.) erwiderte: „Entweder schlägst du oder vergibst du!“

Dieser antwortete: „Ich vergebe dir in der Hoffnung, dass mir Allah am Tag der Auferstehung vergeben wird!“

Da sagte der Prophet(s.a.w.s.): „Wer meinen Paradiesgefährten sehen möchte, der soll sich diesen alten Mann anschauen!“

Darauf erhoben sich die Muslime und fingen an, ihn zwischen die Augen zu küssen und zu sagen: „Glückwunsch! Glückwunsch! Hohe Rangstufen und die Gesellschaft des Gesandten Allahs(s.a.w.s.) wurden dir zuteil!““[126]

Und zum Abschluss dieses Kapitels noch eine kleine Überlieferung zum Gerechtigkeitsgefühl des Gesandten Allahs(s.a.w.s.):

Nu'man, der Sohn des Beschir(r.a.) war auf der Kanzel (in der Prophetenmoschee) und sagte: „Mein Vater gab mir ein Geschenk!“

Da sagte (seine Mutter) Amrah Bint Rawahah (zu ihrem Ehemann Beschir): „Ich werde dem solange nicht zustimmen, bis du dies nicht vor dem Gesandten Allahs(s.a.w.s.) bezeugt hast!“

126 Ebu Nu'aym: Hilyetul Ewliya: Et-Tabeqatul Ula: Et-Tabi'in: Wehb Bin Munebbih(rah.); Band 4, Seite 73.

Da ging dieser zum Gesandten Allahs (s.a.w.s.) und sagte: „Ich gab jenem meiner Söhne, der von Amrah Bint Rawahah stammt, ein Geschenk. Und sie wollte von mir, dass ich dies vor dir bezeuge, o Gesandter Allahs!"

Und als ihn dieser da fragte: „Hast du deinen anderen Kindern das Gleiche gegeben?", antwortete er mit: „Nein!"

Da sagte dieser: „Fürchtet Allah und seid euren Kindern gegenüber gerecht!"[127]

127 El-Bukhari: Sahih: El-Hibeh: El-Ischhad fil Hibeh; Nr. 2587.

Der Humor des Gesandten Allahs (s.a.w.s.)

Sein Edelmut und seine Ernsthaftigkeit hinderten den Gesandte Allahs (s.a.w.s.) keineswegs daran, gelegentlich auch einmal mit seinen Mitmenschen zu scherzen. Seine Scherze lockerten die Atmosphäre auf und sorgten für ein Gefühl der Entspanntheit unter seinen Gefährten. Dies ermutigte sie dazu, ihm jede Frage zu stellen, die ihnen in den Sinn kam. Aus diesem Blickwinkel heraus betrachtet sind seine Scherze also auch als eine besondere Barmherzigkeit gegenüber seiner Gemeinde zu interpretieren.

Er übertrieb es aber in seinen Scherzen nicht und hielt auch seine Gefährten dazu an, es darin nicht zu übertreiben. Außerdem waren seine Scherze keineswegs platt, sondern zumeist äußerst tiefsinnig und lehrreich. Hierbei überschritt er nie die Grenzen seiner vollendeten Ehrlichkeit und hielt sich darin stets an die Wahrheit. Denn ein Scherz, dem es an Wahrheit fehlt, ist der Lüge nahe. Hierzu nachfolgende Überlieferung von Ebu Hurayrah (r.a.):

> *„Sie fragten ihn: „O Gesandter Allahs! Scherzt du etwa mit uns?" Er antwortete: „(Ja! Aber) ich sage dabei nichts als die Wahrheit!""*[128]

Der Gesandte Allahs (s.a.w.s.) paarte die jeweilige Situation mit seiner Wahrhaftigkeit und machte daraus schlichte Scherze, die einen sowohl zum Nachdenken als auch zum Lächeln brachten.

Hierzu berichtet Enes Bin Malik (r.a.):

> *„Als ein Mann den Gesandten Allahs (s.a.w.s.) um ein Reittier bat, sprach dieser: „Ich werde dich auf einem Kameljungen reiten lassen!"*

---

128 El-Bukhari: El-Edebul Mufred: El-Mizah; Nr. 265.

Da fragte ihn dieser: „O Gesandter Allahs! Was soll ich denn mit einem Kameljungen anfangen?“

Der Gesandte Allahs (s.a.w.s.) antwortete: „Bringen Kamele denn etwa etwas anderes als Kameljungen zur Welt?““[129]

Gerne scherzte der Gesandte Allahs (s.a.w.s.) auch mit Enes Bin Malik (r.a.), der in jungen Jahren in seinem Dienst stand.

Dazu überliefert uns Enes (r.a.) beispielsweise Folgendes:

„Der Gesandte Allahs (s.a.w.s.) sagte zu mir: „O du Zweiohriger!““[130]

Und Mahmud Bin er-Rabi (r.a.) berichtet:

„Ich erinnere mich daran, wie der Prophet (s.a.w.s.) (etwas Wasser) aus einem Eimer in den Mund nahm und es mir ins Gesicht spritzte – und damals war ich fünf Jahre alt.“[131]

Der Prophet (s.a.w.s.) vereinte in seinem Charakter sowohl die Ernsthaftigkeit eines Anführers als auch Verspieltheit und Witz. Er spielte bereitwillig mit Kindern und bereitete diesen damit eine Freude, ohne dass dies seine Würde beeinträchtigt hätte. Sein Charakter war das Beispiel vollkommener Harmonie all jener edlen Eigenschaften, die einem Menschen zu Eigen sein können.

---

129 Et-Tirmidhi: Sunen: El-Birr we Sileh: Ma dscha'e fil Mizah; Nr. 2110.

130 Ebu Dawud: Sunen: El-Edeb: Ma dscha'e fil Mizah; Nr. 5002.

131 Der Gelehrte Muhammed el-Khadir Bin Seyyid Abdullah esch-Schinqiti erklärt, dass der Gesandte Allahs (s.a.w.s.) dies entweder getan habe, um mit dem Kind zu spielen oder um es zu segnen. (Vgl. hierzu: Esch-Schinqiti: Kewtherul Me'ani ed-Darari fi Keschfi Khabayati Sahih el-Bukhari, Mu'essis er-Risale, Beirut, 1995: 19. Hadith, Band 3, Seite 236.

Eines Tages ging der Prophetengefährte Suheyb (r.a.) zum Gesandten Allahs (s.a.w.s.). Dieser hatte gerade Brot und Datteln vor sich, als er Suheyl sah und dabei sein entzündetes Auge bemerkte:

> *Der Prophet (s.a.w.s.) sagte: „Komm näher und iss!“ Also fing ich an, Datteln zu essen.*
>
> *Da fragte der Prophet (s.a.w.s.): „Du isst Datteln, obwohl dein Auge entzündet ist?“*
>
> *Und als ich da antwortete: „Ich kaue mit der anderen Seite!“, lächelte der Gesandte Allahs (s.a.w.s.).“[132]*

Seine Scherze waren anständig, geistreich und barmherzig.

Enes (r.a.) berichtet:

> *„Es gab da einen Wüstenbewohner namens Zahir, der dem Gesandten Allahs (s.a.w.s.) Geschenke aus der Wüste mitzubringen pflegte und den der Gesandte Allahs (s.a.w.s.) mit Proviant ausstattete, wenn er (wieder dorthin) aufbrach. Der Prophet (s.a.w.s.) sagte:*
>
> *„Zahir ist unser Mann in der Wüste und wir sind seine Männer in der Stadt!“*
>
> *Der Prophet (s.a.w.s.) liebte ihn, obwohl er ein hässlicher Mann war. Eines Tages, als er seine Ware verkaufte, ging der Prophet (s.a.w.s.) zu ihm und umarmte ihn von hinten, sodass er ihn nicht sehen konnte und dieser rief: „Lass mich los! Wer ist das?“*

---

132 El-Bukhari: Sahih: El-Ilm: Meta yesihhu Sema'u Saghir; Nr. 77.

Als er sich umdrehte und den Propheten (s.a.w.s.) erkannte, fing er an, seinen Rücken an die Brust des Propheten (s.a.w.s.) zu schmiegen. Und der Prophet (s.a.w.s.) sagte: „Wer will diesen Sklaven kaufen?“[133]

Dieser sagte darauf: „O Gesandter Allahs! Du wirst sehen, bei Allah, dass ich schlecht verkäuflich bin!“

Der Prophet (s.a.w.s.) erwiderte: „Bei Allah aber hast du einen hohen Wert.““[134]

Zahir (r.a.) war ein verschlossener Mensch, der weit weg von den Menschen lebte und sich selbst keinen Wert beimaß. Diese wertschätzende Aussage des Gesandten (s.a.w.s.), die er mit einem kleinen Scherz eingeleitet und hierdurch überhaupt erst möglich gemacht hatte, war vielleicht das Schönste, was er je in seinem Leben zu hören bekommen hatte...

Zum Abschluss dieses Kapitels wollen wir mit folgender Aussage des Gesandten Allahs (s.a.w.s.) noch einmal auf die Wahrheitspflicht des Gläubigen beim Scherzen hinweisen:

„Wehe dem, der beim Erzählen lügt, um die Leute hierdurch zum Lachen zu bringen! Wehe ihm! Wehe ihm!“[135]

---

133 Wobei der hier verwendete Begriff „Abd“ sowohl „Sklave“ als auch „Diener Gottes“ bedeuten kann.

134 Ahmed: Musned: Musnedul Muketherin: Musned Enes Bin Malik (r.a.); Nr. 12648.

135 Ebu Dawud: Sunen: El-Edeb: Fi Teschdidi fil Kedhib; Nr. 4990.

Das Maßhalten des Gesandten Allahs (s.a.w.s.)

Der Gesandte Allahs (s.a.w.s.) empfahl all seinen Gefährten, sich beim Essen, Trinken, Kleiden, Geldausgeben und der Ibadeh zu mäßigen. Er wollte nicht, dass die Leute eine Last auf sich nehmen, die sie dann nicht tragen konnten. Besonnenheit, Ausgeglichenheit und maßvolles Handeln waren feste Bestandteile seines edlen Charakters, an denen er in allen Lebensbereichen festhielt. Von diesen Charaktereigenschaften handeln folgenden Überlieferungen:

Ebu Ishaq (r.a.) berichtet:

> *„Der Gesandte Allahs (s.a.w.s.) sah mich eines Tages in alter abgetragener Kleidung und fragte mich: „Verfügst du über Eigentum?"*
>
> *Und als ich da mit: „Ja!" antwortete, sagte er: „Sei zu dir selbst genauso wohltätig, wie Allah wohltätig zu dir ist!""*[136]

Und Aischa (r.a.) berichtet, dass der Prophet (s.a.w.s.) bei ihr eintrat, als bei ihr gerade eine Frau (zu Gast) war.

> *Er fragte: „Wer ist das?"*
>
> *Sie sagte: „Die Soundso." und erzählte anschließend davon, wie viel diese doch bete.*[137]
>
> *Er erwiderte: „Lass das! Macht das, wozu ihr in der Lage seid! Bei Allah! Allah ist solange (eurer Anbetung) nicht überdrüssig, wie ihr (dabei) keinen Überdruss empfindet!"*

---

136 El-Beyheqi: Schu'abul Iman: 40: Fil Melabisi we Ziyy: Fimen kane mutewesse'an Thewben hasenen; Nr. 6198.

137 Aischa (r.a.) war davon beeindruckt, wie viel freiwilligen Gottesdienst diese Frau doch verrichtete.

(Der Vater Hischams (rah.) ergänzt hierzu noch): „Am liebsten war ihm jene Form der Ibadeh, die regelmäßig ausgeführt wurde."[138]

Und Alqameh (r.a.) erzählt:

„Ich fragte Aischa (r.a.), ob der Gesandte Allahs (s.a.w.s.) an gewissen Tagen besondere Handlungen (Ibadeh) ausführte.

Sie antwortete: „Nein! Er handelte fortwährend (gleich). Und wer von euch sollte schon zu jenem in der Lage sein, zu dem der Gesandte Allahs (s.a.w.s.) in der Lage war?""[139]

Enes Bin Malik (r.a.) berichtet:

„Drei Männer gingen zu den Häusern der Prophetenfrauen und erkundigten sich nach dem (Ausmaß der) Ibadeh des Propheten (s.a.w.s.). Nachdem sie darüber unterrichtet worden waren, erschien ihnen dies sehr wenig und sie sprachen:

„Wer sind wir schon im Vergleich zum Propheten (s.a.w.s.), wo ihm doch bereits all seine vergangenen und zukünftigen Sünden vergeben wurden!"

Anschließend sagte einer von ihnen: „Was mich betrifft, so werde ich (von nun an) bis in alle Ewigkeit die (gesamte) Nacht durchbeten!"

Und ein anderer sprach: „Ich werde (von nun an) fortwährend fasten und hierbei keinen Tag auslassen!"

---

138 El-Bukhari: Sahih: El-Iman: Ehabbu Din ilAllahi edwemehu; Nr. 43.

139 El-Bukhari: Sahih: Es-Sawm: Hel yekhussu Schey'en minel Eyyam; Nr. 1987.

Und der letzte sagte: „Ich werde mich von den Frauen fernhalten und niemals heiraten!“

Da kam der Gesandte Allahs (s.a.w.s.) und sprach: „Seid ihr jene, die sagten, (wir werden) dieses und jenes (tun)? Aufgemerkt! Bei Allah! Ich bin unter euch derjenige, der sich am meisten vor Allah fürchtet und sich am strengsten an Seine Gebote hält! Doch ich faste und breche mein Fasten[140] und ich bete (einen Teil der Nacht) und schlafe (den anderen Teil der Nacht) und ich heirate Frauen. Wer sich von meiner Sunneh abwendet, gehört nicht zu mir!““[141]

Der Gesandte Allahs (s.a.w.s.) vergaß hierbei auch die Rechte der Familie und des Nefs nicht, so wie dies vom Vater des Awn Bin Ebi Dschuhayfeh (r.a.) berichtet wird:

„Der Prophet (s.a.w.s.) verbrüderte Selman und Ebu Derda. Und als da Selman einmal Ebu Derda besuchte, sah er, dass (dessen Frau) Umm Derda ihr Äußeres vernachlässigte und fragte sie: „Was ist los mit dir?“

Sie antwortete: „Dein Bruder Ebu Derda interessiert sich nicht besonders für das Irdische!“

Dann kam Ebu Derda und bereitete Essen für ihn vor und (Selman) sagte (zu ihm): „Iss (mit mir)!“ Doch dieser antwortete: „Ich faste!“ Da sagte (Selman): „Ich werde nicht eher essen, bis auch du isst!“ Also aß auch er.

Als es Nacht wurde, schickte sich Ebu Derda dazu an, (freiwillige) Gebete zu verrichten. Doch (Selman) sagte (zu ihm):

140 Dies bedeutet: Es gibt Tage, an denen ich faste, und Tage, an denen ich nicht faste.

141 El-Bukhari: Sahih: En-Nikah: Et-Terghibu fi Nikah; Nr. 5063.

„Leg dich schlafen!" Also legte er sich schlafen. Später stand er (erneut) auf, doch (wieder) sagte er: „Leg dich schlafen!" Als dann das Ende der Nacht angebrochen war, sagte Selman: „Jetzt kannst du aufstehen!" und dann beteten beide.

Anschließend sagte Selman zu ihm: „Du hast Verpflichtungen deinem Herrn gegenüber und du hast Verpflichtungen dir selbst gegenüber und du hast Verpflichtungen deiner Familie gegenüber! Gib einem jeden, dem gegenüber du verpflichtest bist, sein Recht!"

Später ging (Ebu Derda) zum Propheten (s.a.w.s.) und erzählte ihm davon und da erwiderte ihm der Prophet (s.a.w.s.): „Selman hat recht!""[142]

Und zum Abschluss dieses Kapitels, noch einmal eine Überlieferung des Gesandten Allahs (s.a.w.s.), die das rechte Maß des Handelns auf den Punkt bringt:

„Leute! Vollbringt (nur) jene Handlungen, zu denen ihr in der Lage seid! (...) Am liebsten sind Allah jene Handlungen (Ibadeh), die kontinuierlich ausgeführt werden, auch wenn sie wenig sind!"[143]

142 El-Bukhari: Sahih: Es-Sawm: Men eqsame ala Akhihi; Nr. 1968.

143 Muslim: Salatul Musafirin: 215: Fadiletul Ameli Da'im; Nr. 782.

Das vorbildliche Geschäftsgebaren des Gesandten Allahs (s.a.w.s.)

Der Gesandte Allahs (s.a.w.s.) ließ es nicht zu, dass man ihm ein Schloss erbaute oder einen Thron errichtete, denn er wollte als Gleicher unter Gleichen unter seinen Mitmenschen leben. Er ging genauso zum Einkaufen wie sie und er lieh sich von ihnen Dinge, ebenso, wie er auch ihnen Dinge verlieh.

Besonders zeigte sich sein edler Charakter aber in seinem Geschäftsgebaren. Niemals wandte er bei einem Handel eine List an und erwartete dies auch von seinen Geschäftspartnern. Als er dann zum Propheten berufen wurde, verbat er sogleich Lug und Trug im Geschäftsleben.

Seinen Gläubigern gegenüber war er stets aufrichtig und zahlte seine Schulden innerhalb der vereinbarten Fristen zurück. Und wenn er einmal kein Geld hatte, um eine Schuld fristgerecht zurückzuzahlen, lieh er sich woanders etwas und bezahlte damit seine Schulden. Jenen aber, die bei ihm Schulden hatten, begegnete er mit Verständnis und Barmherzigkeit und bedrängte sie nicht.

Um Missverständnisse mit seinen Geschäftspartnern zu vermeiden, erstellte er stets detaillierte Rechnungen, in denen alle Vorgänge eines Geschäfts nachvollzogen werden konnten. Wenn er einmal wirklich eine Zusage nicht einhalten konnte, sorgte er dafür, dass seinem Geschäftspartner ein adäquater Ersatz angeboten wurde, auf dass dieser in seinen Geschäften nicht beeinträchtigt wurde.

Er regulierte den Markt, indem er kontrollierte, ob die angebotenen Waren zu billig oder zu teuer verkauft wurden. Und wenn es darum ging, einem Menschen zu seinem Recht zu verhelfen, machte er keinerlei Unterschiede darin, welche Religion sie hatten, woher sie kamen, welchem Stamm sie angehörten oder welche Sprache sie sprachen.

In seiner Abschiedspredigt von Mina, ließ uns der Gesandte Allahs (s.a.w.s.) Folgendes über Sitte und Moral im Geschäftsleben wissen:

> *„Verliehenes ist zurückzugeben und Geschenke ebenfalls, (wenn diese zurückgefordert werden)! Schulden sind zu begleichen und Bürgen haften, (wofür sie gebürgt haben)!“*[144]

Außerdem kontrollierte der Prophet (s.a.w.s.) auf den Märkten, ob die Waagen richtig geeicht waren und die Gewichte stimmten und auch, ob die Waren auf rechtmäßige Weise abgewogen wurden. Ebu Hurayrah (r.a.) berichtet hierzu:

> *„Der Gesandte Allahs (s.a.w.s.) ging an einem Haufen Lebensmitteln vorbei, (den ein Händler auf einem Markt anbot). Als er seine Hand hineinsteckte, wurden seine Finger feucht. Da fragte er: „Was ist das, o Lebensmittelverkäufer?“*
>
> *Dieser antwortete: „Das kommt vom Regen, o Gesandter Allahs (s.a.w.s.)!“*
>
> *Da sagte er: „Hättest du dies nicht oben auf den Lebensmittel(haufen) legen können, auf dass die Leute es bemerken? Wer betrügt, gehört nicht zu mir.““*[145]

Der Gesandte Allahs (s.a.w.s.) benutzte den Handel auch als Mittel, um seine Güte walten zu lassen. Denn wenn er Menschen helfen wollte, unterstützte er diese nicht selten dadurch, dass er es ihnen ermöglichte, Handel zu treiben, indem er ihnen Kapital

---

144 Ebu Dawud: Sunen: El-Idscharah: Fi Tadminil Awer; Nr. 3565.

145 Muslim: El-Iman: 164: Qawlu Nebiyy (s.a.w.s.): „Men ghaschana fe leyse minna!“; Nr. 102.

verschaffte. Auf diese Weise wies er den Bedürftigen nicht nur den Weg aus der Armut, sondern half ihnen auch dabei, ihre Würde zu wahren.

Dschabir Bin Abdillah (r.a.) berichtet hierzu:

> *„Als ich mich mit dem Propheten (s.a.w.s.) auf einen Feldzug befand, sagte er zu mir: „Verkaufst du dein Kamel hier für einen Dinar? Möge Allah dir vergeben!"*
>
> *Ich sagte: „O Gesandter Allahs! Es ist euer Kamel, sobald ich nach Medina komme!"*
>
> *Er sagte: „Dann verkaufst du es für zwei Dinar. Möge Allah dir vergeben!" Dann erhöhte er (schrittweise sein Angebot) jeweils um einen Dinar und fügte jedes Mal: „Möge Allah dir vergeben!" hinzu, bis er schließlich bei 20 Dinar angelangt war.*
>
> *Als ich dann nach Medina kam, nahm ich das Kamel und brachte es zum Propheten (s.a.w.s.). Er sagte: „O Bilal! Gib ihm 20 Dinar aus der Kriegsbeute!" Dann sagte er (zu mir): „Nimm dein Kamel und bring es zu deiner Familie.""*[146]

Und unsere Mutter Aischa (r.a.) berichtet:

> *„Der Gesandte Allahs (s.a.w.s.) kaufte von einem Beduinen ein Schlachtkamel (in einer anderen Überlieferung: einige Schlachtkamele) für eine Ladung Adschweh-Datteln.*[147] *Der Gesandte Allahs (s.a.w.s.) kehrte damit zurück nach Hause, suchte nach den Datteln, konnte sie aber nicht finden. Also kehrte der Gesandte Allahs (s.a.w.s.) zu dem (Beduinen) zurück und sagte zu ihm:*

146 Ibn Madscheh: Sunen: Et-Tidscharat: Es-Sewm; Nr. 2205.

147 Adschweh-Datteln sind eine Sorte hochwertiger Datteln, die es nur in Medina gibt.

„O Abdullah! Ich kaufte von dir ein Schlachtkamel (bzw. einige Schlachtkamele) für eine Ladung Adschweh-Datteln. Ich habe danach gesucht, konnte sie aber nicht finden!“

Da sagte der Beduine: „Das ist Betrug!“

Die Leute wiesen ihn zurecht und sagten: „Möge Allah es dir heimzahlen! Würde der Gesandte Allahs (s.a.w.s.) denn jemals betrügen?“

Der Gesandte Allahs (s.a.w.s.) aber sprach: „Lasst ihn! Als Rechtinhaber hat er das Recht sich zu äußern!“

Anschließend wandte sich ihm der Gesandte Allahs (s.a.w.s.) wieder zu und erklärte:

„O Abdullah! Ich kaufte von dir einige Schlachtkamele für eine Ladung Adschweh-Datteln und dachte dabei, ich hätte noch so viele davon vorrätig, wie ich dir zusagte. Doch als ich danach suchte, konnte ich sie nicht finden!“

Da sagte der Beduine (abermals): „Das ist Betrug!“ und die Leute wiesen ihn (abermals) zurecht und sagten: „Möge Allah es dir heimzahlen! Würde der Gesandte Allahs (s.a.w.s.) denn jemals betrügen?“

Da sagte der Gesandte Allahs (s.a.w.s.) (nochmals): „Lasst ihn! Als Rechtinhaber hat er das Recht sich zu äußern!“ Danach erklärte ihm der Gesandte Allahs (s.a.w.s.) noch zwei- oder dreimal den Sachverhalt, bis er schließlich einsah, dass ihn dieser nicht verstehen wollte. Also sagte er zu einem seiner Gefährten:

„Geh zu Khuweylid Bint Hakim Bin Umeyyeh und sag ihr, dass der Gesandte Allahs (s.a.w.s.) sie fragen lässt, ob sie eine Ladung Adschweh-Datteln vorrätig habe und ihm diese solange vorstre-

cken könne, bis er ihr diese zu einem späteren Zeitpunkt wieder zurückgibt, so Allah will!"

Der Mann ging zu ihr, kehrte bald darauf wieder zurück und richtete folgende Worte von ihr aus: „Ja. Ich habe sie vorrätig, o Gesandter Allahs! Schicke jemanden zu mir, der sie abholt!"

Dann sagte der Gesandte Allahs (s.a.w.s.) zu dem Mann: „Geh mit dem (Beduinen zu ihr) und gib ihm, was ihm zusteht!" Und so gingen sie gemeinsam (zu ihr) und er gab ihm, was ihm zustand.

Später ging der Beduine am Gesandten Allahs (s.a.w.s.) vorbei, während dieser gerade mit seinen Gefährten beisammensaß, und sagte (zu ihm): „Möge Allah es dir auf beste Weise vergelten! Ich wurde vollständig und gut bezahlt!"

Da sagte der Gesandte Allahs (s.a.w.s.): „Dies sind die besten Diener bei Allah am Tage der Auferstehung: Jene, die vollständig und gut bezahlen!""[148]

Und der Gesandte Allahs (s.a.w.s.) sagte über jene Kaufleute, die sich an die Regeln des Geschäftslebens halten, Folgendes:

„Der aufrechte und vertrauenswürdige Kaufmann wird mit den Propheten, den Aufrechten und den Märtyrern beisammen sein!"[149]

---

148 Ahmed: Musned: Musnedu Nisa: Musnedu Siddiqati A'ischeh (r.a.); Nr. 26312.

149 Es-Suyuti: El-Dschami'u Saghir: Harfu Tä: Fil Mahalli bi El min Harfi Tä; Nr. 3392.

Die Reinlichkeit des Gesandten Allahs (s.a.w.s.)

Der Hidschaz ist eine von Wüsten geprägte Region in der naturgemäß Wasserknappheit herrscht. Deshalb sparten die Araber der Zeit der Unwissenheit nicht selten mit Wasser bei der Hygiene. Als der Gesandte Allahs (s.a.w.s.) dort aber zu wirken begann, änderte sich dies schlagartig, denn er war ein außerordentlich reinlicher Mensch und legte auch seinen Gefährten nahe, sich an die Regeln der Reinheit zu halten. Hierbei brachte er ihnen detailliert die Reinheitsgebote des Gangs auf die Toilette und der kleinen und großen rituellen Waschung bei und hielt sie zur Pflege ihrer Haare, ihres Bartes, ihrer Zähne und ihres Mundes, dem Schneiden ihrer Finger- und Zehennägel und der Reinhaltung ihrer Kleidung an.

Der Gesandte Allahs (s.a.w.s.) sagte am Ende einer Reise zu seinen Reisegefährten:

> *„(Gleich) werdet ihr bei euren Brüdern eintreffen, also macht eure Reittiere und eure Kleidung zurecht, auf dass ihr unter den Leuten hervorstecht wie ein Muttermal.[150] Denn Allah mag weder die Schmutzigkeit noch die Neigung zur Schmutzigkeit!“[151]*

Von Ebu Hureyrah (r.a.) wird folgender Ausspruch des Gesandten Allahs (s.a.w.s.) überliefert:

> *„Fünf Dinge gehören zur menschlichen Natur[152]: Die Beschneidung (der Knaben), die Rasur des Intimbereichs, die Entfernung*

---

150 Das Muttermal gilt bei den Arabern als Symbol der Schönheit.

151 Ebu Dawud: Sunen: El-Libas: Ma dscha'e fi Isbalil Izar; Nr. 4089.

152 Mit „menschliche Natur“ sind hier jene universalen Bräuche der Körperpflege gemeint, die auch von allen früheren Propheten (a.s.) beachtet wurden. (Vgl. Mahmud Bin Ahmed Bin Musa el-Ayni: Umdetul Qari Scherhu Sahih el-Bukhari (25 Bd.), Dar Ihya'u Turath el-Arabi, Beirut (o. J.), Nr. 5889, B. 22, S. 45).

der Achselhaare, das Schneiden der Nägel und das Kürzen des Schnurbarts.“[153]

Dschabir Bin Abdillah (r.a.) berichtet:

„Der Gesandte Allahs (s.a.w.s.) kam zu uns. Und als er da einen Mann mit zerzaustem Haar sah, sagte er: „Findet dieser denn nichts, womit er sein Haar kämmen könnte?“

Dann sah er einen anderen Mann, der schmutzige Kleidung trug und sprach: „Findet dieser denn kein Wasser, mit dem er seine Kleidung waschen könnte?““[154]

Und als Ebu Qatadeh el-Ensari (r.a.) den Propheten (s.a.w.s.) fragte: „O Gesandter Allahs! Ich habe schulterlanges Haar. Soll ich es kämmen?“, antwortete ihm der Gesandte Allahs (s.a.w.s.): „Ja, pflege es gut!“

Yahya Bin Sa'id (r.a.), der Überlieferer dieser Hadith, ergänzt hierzu noch:

„Aufgrund dieser Empfehlung des Gesandten Allahs (s.a.w.s.) pflegte Ebu Qtadeh (r.a.) sein Haar an manchen Tagen gleich zweimal mit Öl einzufetten!“[155]

Laut den Überlieferungen seiner Gefährten trug der Gesandte Allahs (s.a.w.s.) seinen Kamm und sein Miswak[156] immer bei sich. Er

---

153 El-Bukhari: Sahih: El-Libas: Qassu Scharib; Nr. 5889.

154 Ebu Dawud: Sunen: El-Libas: Fi Ghasli Thewb; Nr. 4062.

155 Malik: Muwetta: Bi Riwayeti Ebi Mus'ab ez-Zehriyy: El-Dschami: Islahu Scha'r; Nr. 1994.

156 „Miswak“ sind Zweige oder Wurzeln des sogenannten Zahnbürstenbaums, mit denen sich trefflich die Zähne reinigen lassen.

benutzte sehr häufig sein Miswak und bestand sehr auf der Reinhaltung der Zähne. Hierzu sagte er beispielsweise:

> *„Putzt eure Zähne mit Miswak! Denn dies reinigt den Mund und führt zum Wohlgefallen des Herrn! Nie kam Dschibril zu mir, ohne mir anzuraten, die Zähne mit Miswak zu putzen, bis ich schließlich befürchtete, ich und meine Gemeinde könnten dazu verpflichtet werden. Und wenn ich nicht befürchtete, dass dies meine Gemeinde (zu sehr) belasten könnte, hätte ich sie dazu verpflichtet. Ich selbst putze meine Zähne so häufig, dass ich schon befürchte, meine Vorderzähne abzuschleifen!“*[157]

Der Gesandte Allahs (s.a.w.s.) hielt stets seinen Körper rein und forderte die Gläubigen dazu auf, jeden Freitag die Ganzkörperwaschung zu vollziehen. Er mochte schöne Düfte und parfümierte sich gerne damit, ganz besonders an Freitagen, Feiertagen, jenen Tagen, an denen er in sich in den Weihezustand der Pilgerfahrt begab und vor dem Gebet, dem Dhikr und der Quranrezitation und riet seinen Gefährten, es ihm darin gleichzutun.

Der Gesandte Allahs (s.a.w.s.) sagte:

> *„Vier Dinge gehören zum Brauch der Gesandten: Die Schamhaftigkeit, das Auftragen von wohlriechenden Düften, die Mundhygiene und die Ehe!“*[158]

Zu den Wundern des Gesandten Allahs (s.a.w.s.) gehörte es, dass sein Schweiß und sein gesamter Körper stets nach Rosen dufteten. Nachdem er irgendwo entlanggegangen war, konnte man dort noch lange seinen Duft riechen und wenn er jemandem die Hand gab oder einem Kind über den Kopf strich, haftete daran sein schöner Duft noch eine Weile an.

---

157 Ibn Madscheh: Sunen: Et-Taharah we Sunnetuha: Es-Siwak; Nr. 289.

158 Et-Tirmidhi: Sunen: En-Nikah: Ma dscha'e fi Fadli Tezwidsch; Nr. 1103.

In der Regel trug der Gesandte Allahs (s.a.w.s.) Gewänder in weißer oder grüner Farbe und einen schwarzen oder weißen Turban. Gelegentlich trug er auch eine Kopfbedeckung, ohne um diese einen Turban gewickelt zu haben. An Frei- oder Feiertragen pflegte er einen größeren Turban zu tragen als an gewöhnlichen Tagen und stets hing der Spitz seines Turbans bis zu seinen Schulterblättern herab.

Wenn ihn eine Gesandtschaft von außerhalb besuchen kam, legte er seine beste Kleidung an. Aber auch an solchen Tagen verzichtete er darauf Kleidung in auffälligen Farben zu tragen oder Farben oder Schnitte zu tragen, die als unansehnlich galten. Selbst trug er niemals rote Kleidung, den Frauen aber erlaubte er dies. Darüber hinaus trug er weder goldenen Schmuck noch seidene Kleidung; dies sollte ebenfalls den Frauen vorbehalten bleiben. Auch seinen Gefährten legte er nahe, seinem Vorbild zu folgen und auf derartige Luxusgüter zu verzichten. Neue Kleidung trug er stets freitags das erste Mal und abgetragene Kleidung warf er nicht weg, sondern gab sie an Bedürftige weiter.

Obwohl seine unteren Augenlieder schon von Geburt an so aussahen, wie wenn sie mit Antimon geschminkt gewesen wären, bestrich er diese jede Nacht dreimal hintereinander mit Antimon, um sie hierdurch zu pflegen und zu reinigen. Diesen Brauch empfahl er auch seinen Gefährten mit folgenden Worten:

> *„Verwendet Antimon, bevor ihr schlafengeht! Denn es schärft den Blick und lässt die Haare sprießen."*[159]

---

159 Ibn Madscheh: Sunen: Et-Tibb: El-Kuhl wel Ithmid; Nr. 3496.

Das Aufrechterhalten der Familienbande des Gesandten Allahs (s.a.w.s.)

Im Islam genießt der Besuch bei Verwandten einen hohen Stellenwert. Hierauf weisen uns beispielsweise folgenden beiden Quranverse hin:

> *„O ihr Menschen! Fürchtet euren Herrn, Der euch aus einem einzigen Wesen geschaffen hat und daraus seine Gattin erschuf und Der aus ihnen beiden viele Männer und Frauen (hervorgehen) und sich (über die Erde) ausbreiten ließ. Und fürchtet Allah, in Dessen (Namen) ihr einander zu bitten pflegt, und die Blutsverwandtschaft. Gewiss ist Allah der Wächter über euch!“*[160]

Und:

> *„Wahrlich gebietet Allah die Gerechtigkeit und das Wohlhandeln und den Verwandten zu geben. Und Er verbietet das Schändliche, das Verwerfliche und die Gewalttätigkeit. Er ermahnt euch, auf dass ihr darüber nachdenken möget!“*[161]

Der Gesandte Allahs (s.a.w.s.) hielt sich natürlich an diese göttlichen Anweisungen. Er ließ die Verwandtschaftsbande nie abreißen, sondern verhielt sich im Gegenteil stets gütig und wohlwollend gegenüber seinen Angehörigen. Sofern sie seiner Unterstützung bedurften, unterstützte er sie bereitwillig und besuchte sie von Zeit zu Zeit, um sich nach ihrem Wohlergehen zu erkundigen und mit ihnen ein kleines Schwätzchen zu halten.

---

160 4. Sura: En-Nisa, Vers 1.

161 16. Sura: En-Nahl, Vers 90.

Seine Gefährten spornte er mit folgender Aussage dazu an, es ihm darin gleichzutun:

> *„Wer möchte, dass ihm sein Lebensunterhalt vermehrt und seine Lebensfrist verlängert wird, der soll die Verwandtschaftsbande aufrechterhalten!"*[162]

Eines Tages trat Abbas (r.a.), der Onkel des Gesandten Allahs (s.a.w.s.), bei ihm ein und war sehr zornig, weil ihn die Quraysch verärgert hatten. Dies verärgerte auch den Gesandten Allahs (s.a.w.s.) und er sprach:

> *„O ihr Menschen! Wer meinen Onkel belästigt, der hat auch mich belästigt. Denn der Onkel eines Mannes ist für ihn wie sein Vater!"*[163]

Und Ibn Abbas (r.a.) berichtet, dass der Gesandte Allahs (s.a.w.s.) eines Tages zu Abbas (r.a.) sagte:

> *„Komm mit deinen Kindern am Montagmorgen zu mir, auf dass ich für sie ein Du'a (Bittgebet) spreche, durch das Allah dir und deinen Kindern Nutzen bringen möge!"*
>
> *Am Morgen gingen wir dann zu ihm und er gab uns etwas Kleidung zum Anziehen und sprach dann: „O Allah! Vergib Abbas und seinen Kindern ihre offenen und verborgenen Sünden und lass keine Sünde übrig! O Allah! Beschütze ihn für seine Kinder!""*[164]

Ebu Eyyub (r.a.) berichtet:

> *„Als der Gesandte Allahs (s.a.w.s.) einmal auf einer Reise war, erschien ein Beduine bei ihm. Er nahm die Zügel seines Kamels in die Hand und sagte: „O Gesandter Allahs! (in einer*

---

162 El-Bukhari: Sahih: El-Edeb: Men yubsita lehu fi Riszqi; Nr. 5986.

163 Et-Tirmidhi: Sunen: El-Menaqib: Menaqibu Ebil Fadl; Nr. 4092.

164 Et-Tirmidhi: Sunen: El-Menaqib: 96: Nr. 4095.

anderen Überlieferung: „O Muhammed!") Erzähl mir, was mich dem Paradies näherbringt und dem Feuer fernseinlässt!""

Da hielt der Prophet (s.a.w.s.) kurz inne, musterte seine Gefährten und sprach dann: „Ihm wurde Segen zuteil!" (in einer anderen Überlieferung: „Er wurde rechtgeleitet!") (und) fragte (ihn daraufhin): „Was hast du gesagt?"

Nachdem er (seine Aussage) wiederholt hatte, sagte der Prophet (s.a.w.s.):

„Diene Allah und geselle Ihm nichts bei! Verrichte das Gebet, entrichte die Pflichtabgabe und halte die Familienbande aufrecht! (Und nun) lass das Kamel (wieder) los!""[165]

Der Gesandte Allahs (s.a.w.s.) legte auf die Aufrechterhaltung und Pflege der Verwandtschaftsbande so großen Wert, dass er empfahl, auch mit jenen Verwandten wieder den Kontakt herzustellen, die diesen zuvor abgebrochen haben. Dies, um das Schlechte mit Guten zu vergelten.

Ebu Hurayrah (r.a.) berichtet hierzu:

„Ein Mann sagte: „O Gesandter Allahs! Ich habe Verwandte, mit denen ich die Verwandtschaftsbande aufrechterhalte. Sie aber brechen den Kontakt mit mir (immer wieder ab)! Ich verhalte mich ihnen gegenüber gut, sie aber verhalten sich mir gegenüber schlecht. Ich bin sanftmütig zu ihnen, sie aber begegnen mir mit Zorn!"

---

165 Muslim: El-Iman: Beyanul Imanilledhi yudkhilu bihil Dschenneh; Nr. 12 und 13.

> *Da sagte er: „Wenn dem so ist, wie du sagst, ist es so, als ob du sie mit heißer Asche bewerfen würdest.[166] Solange du dich derart verhältst, wird Allah dir beistehen!“*“[167]

Und mit welch hohem jenseitigen Lohn das Wohlhandeln gegenüber den Verwandten doch entgolten wird, zeigt folgende Aussage des Gesandten Allahs (s.a.w.s.):

> *„Die Spende an einen Bedürftigen ist eine einzige Spende, an einen Verwandten aber ist sie zwei (Spenden): Einmal die Spende (an sich) und einmal (die Spende) des Aufrechterhaltens der Familienbande!“*[168]

---

166 Dies bedeutet: Durch dein gutes Verhalten stellst du sie bloß und veranschaulichst ihnen die Falschheit ihres Tuns. (Vgl. El-Qadi el-Iyad: Ikmalul Mu'lim Scherh Muslim (8 Bd.), Darul Wefa, Ägypten 1998, Nr. 2558, B. 8, S. 21.)

167 Muslim: El-Birr we Sileh: 22: Siletu Rahime thintan: Sadeqatun we Siletun; Nr. 2558.

168 Et-Tirmidhi: Sunen: Ez-Zekah: Ma dscha'e fi Sadeqati ala Dhil Qarabeh; Nr. 664.

Die Fürsorge des Gesandten Allahs (s.a.w.s.) für seine Gemeinschaft

Eine der hervorstechendsten Eigenschaften des Gesandten Allahs (s.a.w.s.) war seine Sorge um seine Gemeinschaft. Aus tiefer Barmherzigkeit heraus scheute er keine Kosten und Mühen, um sich um das Wohlbefinden seiner Gemeinschaft zu kümmern und sorgte sich beständig um den Erhalt ihres Glaubens und ihr jenseitiges Wohl. Im Edlen Quran heißt es hierzu:

> *„Zu euch ist nunmehr ein Gesandter aus euren eigenen Reihen gekommen. Bedrückend ist es für ihn, wenn ihr in Bedrängnis seid, eifrig ist er um euch bemüht; zu den Gläubigen voll der Gnade und Barmherzigkeit!“*[169]

Jene Barmherzigkeit, die der Prophet (s.a.w.s.) jedem einzelnen Mitglied seiner Gemeinschaft angedeihen ließ, ist mit der Barmherzigkeit eines liebevollen Vaters mit seinen Kindern zu vergleichen, genauso wie dies der Gesandte Allahs (s.a.w.s.) zu seinen Gefährten sagte:

> *„Ich bin wie ein Vater für euch!“*[170]

Sein ganzes Leben betete der Gesandte Allahs (s.a.w.s.) unter Tränen dafür, dass der Erhabene Allah seiner Gemeinde vergeben möge. Dieser sprach Seinen Propheten (s.a.w.s.) auf seiner Himmelfahrt mit den Segenswünschen: „Es Selamu aleyke eyyuhe Nebiyy!“ („Frieden sei auf dir, o Prophet!“) an, die wir in unseren Gebeten in jeder „Et-Tehiyyatu“ auf den Propheten (s.a.w.s.) sprechen. Aber selbst in jenem Augenblick, in dem ihm die Ehre zuteilwurde, Gast bei seinem Allmächtigen Herrn sein zu dürfen – eine Ehre, die keinem anderen Geschöpf zuteilwurde – machte er sich Sor-

---

169 9. Sura: Et-Tewbeh, Vers 128.

170 Ebu Dawud: Sunen: Et-Taharah: Kerahiyetu Isteqbalil Qibleh; Nr. 8.

gen um seine Gemeinde und erwiderte auf diese Segenswünsche: „Es Selamu aleyna we ala Ibadillahi Salihin!" („Der Friede sei auf uns und auf den frommen Dienern Allahs!"), auf dass auch seine Gemeinschaft aus diesen Segenswünschen ihren Nutzen ziehen konnte.

Der Gesandte Muhammed Mustafa (s.a.w.s.) sagte:

> *„Wenn sich die Menschen (am Jüngsten Tage) der Brücke ins Paradies nähern, wird ein Engel von unterhalb des göttlichen Throns rufen: „O ihr Geschöpfe des Allgewaltigen Herrschers! Überquert (nun alle) die Brücke, außer die Aufsässigen und Ungerechten unter euch; sie sollen stehenbleiben!"*
>
> *Wie gewaltig doch die Furcht und wie heftig doch die Hitze zu jener Stunde sein werden! Vorangehen werden auf ihr (der Brücke) all jene, die auf Erden schwach waren und erniedrigt wurden, hintanstehen müssen auf ihr aber all jene, die auf Erden mächtig und einflussreich waren. Dann wird allen die Erlaubnis erteilt, die Brücke zu passieren, und sie werden sich (dabei) – ihren Taten entsprechend – in Finsternis oder Licht (gehüllt) finden.*
>
> *Und wenn meine Gemeinde über sie hinwegeilt, wird sie rufen: „O Muhammed!" Und ich werde besorgt zu ihnen eilen und Dschibril wird sich an mich klammern. Dann werde ich mit lauter Stimme rufen:*
>
> *„O Herr! Meine Gemeinde! Meine Gemeinde! Heute bitte ich Dich nicht für mich selbst und auch nicht für meine Tochter Fatimah!"*
>
> *Und die Engel werden zur Rechten und zur Linken (der Brücke) stehen und rufen: „O Herr! Verschone! Verschone!"""*[171]

171 El-Qurtubi: Et-Tedhkirah: Keyfel Dschewaz ale Sirat; S. 756f.

Und Ebu Hurayrah (r.a.) berichtet:

„Eines Tages brachte man dem Gesandten Allahs (s.a.w.s.) etwas Fleisch und bot ihm die Keule dar. Dies gefiel ihm und er nahm einen Bissen davon zu sich und sprach dann:

„Ich werde der Anführer der Menschen am Tage der Auferstehung sein. Wisst ihr, wie es dazu kommen wird? Allah wird am Tag der Auferstehung alle Menschen – von den ersten bis zu den letzten – auf einer Ebene versammeln und dann werden sie einen Rufer hören und (hierbei) werden sie alle zu sehen sein. Und dann wird sich die Sonne (von oben herab) über sie senken und die Menschen werden so voller Sorge und Kummer sein, dass sie es nicht mehr aushalten und nicht mehr ertragen können. Und da werden manche von ihnen zu den anderen sagen:

„Seht ihr denn nicht, wie es um euch steht! Seht ihr denn nicht, was euch widerfahren ist! Wollt ihr denn nicht nach jemandem suchen, der für euch Fürsprache bei eurem Herrn einlegt?"

Und dann werden einige Leute zu den anderen sagen: „Lasst uns zu Adem gehen!" Also werden sie zu Adem gehen und sagen: „O Adem! Du bist der Vater der Menschen. Allah erschuf dich aus Seiner Allmacht heraus und hauchte dir Seinen Geist ein und befahl den Engeln, sich vor dir niederzuwerfen. Leg für uns Fürsprache bei deinem Herrn ein! Du siehst ja, in welchem Zustand wir uns befinden und was uns widerfahren ist?"

Adem aber wird antworten: „Mein Herr ist heute so zornig wie nie zuvor. Und Er wird nie wieder so zornig sein. Er untersagte mir den Baum, doch ich missachtete sein Gebot. Wehe mir! Wehe mir! Geht zu einem anderen! Geht zu Nuh!"

Und so werden sie also zu Nuh gehen und sagen: „O Nuh! Du bist der erste Gesandte auf Erden und Allah bezeichnete dich als dankbaren Diener. Leg für uns Fürsprache bei deinem Herrn ein! Du siehst ja, in welchem Zustand wir uns befinden und was uns widerfahren ist."

Er aber wird ihnen antworten: „Mein Herr ist heute so zornig wie nie zuvor. Und Er wird nie wieder so zornig sein. Mir stand eine Bitte frei und diese verwendete ich dafür, mein Volk zu verfluchen. Wehe mir! Wehe mir! Geht zu Ibrahim (a.s.)!"

Also werden sie zu Ibrahim gehen und sagen: „Du bist Allahs Prophet und Sein Freund unter den Erdenbewohnern. Leg für uns Fürsprache bei deinem Herrn ein! Du siehst ja, in welchem Zustand wir uns befinden und was uns widerfahren ist!"

Ibrahim aber wird ihnen antworten: „Mein Herr ist heute so zornig wie nie zuvor. Und Er wird nie wieder so zornig sein." Dann wird er von seinen beiden Lügen[172] berichten und hinzufügen: „Wehe mir! Wehe mir! Geht zu einem anderen! Geht zu Musa!"

Also werden sie zu Musa gehen und sagen: „O Musa! Du bist der Gesandte Allahs! Allah bevorzugte dich vor den Menschen mit Seiner Botschaft und Seiner direkten Ansprache an dich. Leg für

---

172 Diese Aussage ist metaphorisch zu verstehen, denn seine „Lügen" waren natürlich keine echten Lügen, denn Propheten lügen nicht. Dies ist Teil der Glaubensgrundsätze des Islam.
Zweimal sprach Ibrahim (a.s.) aber gegenüber seinem Volk nicht „die volle Wahrheit", dies aber nur deshalb, um sie mithilfe eines Lehrbeispiels auf ihre Irrtümer hinzuweisen. Dies war zweimal der Fall und von beiden Fällen berichtet uns der Edle Quran: Erstens seine Aussage „Dies ist mein Herr!" (6. Sura: Vers 76ff), mit der Ibrahim (a.s.) auf die Gestirne Sirius, Mond und Sonne hinwies, um die Nichtigkeit ihrer Anbetung zu beweisen. Zweitens: Seine Aussage in der 21. Sura, Vers 58, in der er sagte, dass der große Götz die kleinen Götzen zerstört hätte, obwohl er dies selbst getan hatte. Auch hierbei wollte er den Leuten zeigen, dass ein Götz keine Macht hat und so etwas nicht kann. (Vgl. Ahmed Bin Muhammed Bin Ebi Bekr el-Qastalani: Irschad es-Sari li Scherhil Bukhari (10 Bd.), El-Matba'al Kubra el-Emiriyyeh, Ägypten, 1323, Nr. 3358, B. 5, S. 349.)

uns Fürsprache bei deinem Herrn ein! Du siehst ja, in welchem Zustand wir uns befinden und was uns widerfahren ist."

Musa aber wird ihnen antworten: „Mein Herr ist heute so zornig wie nie zuvor. Und Er wird nie wieder so zornig sein. Ich habe einen Menschen getötet, ohne dass mir dessen Tötung befohlen worden war![173] Wehe mir! Wehe mir! Geht zu Isa (a.s.)!"

Also werden sie zu Isa gehen und sagen: „O Isa! Du bist der Gesandte Allahs! Du sprachst aus der Wiege zu den Menschen. Du bist eine frohe Kunde, die Allah Meryem verkündete und du bist eine menschliche Seele, der Allah besondere Ehre erwies, (indem Er dich ohne Vater erschuf)! Leg für uns Fürsprache bei deinem Herrn ein! Du siehst ja, in welchem Zustand wir uns befinden und was uns widerfahren ist."

Isa (a.s.) aber wird ihnen antworten: „Mein Herr ist heute so zornig wie nie zuvor. Und Er wird nie wieder so zornig sein." Und obwohl er keine Verfehlung anführen wird, wird er trotzdem sprechen: „Wehe mir! Wehe mir! Geht zu einem anderen! Geht zu Muhammed (s.a.w.s.)!"

Dann werden sie zu mir kommen und sagen: „O Muhammed! Du bist der Gesandte Allahs und das Siegel der Propheten! Allah hat dir deine vergangenen und kommenden Verfehlungen vergeben. Leg für uns Fürsprache bei deinem Herrn ein! Du siehst ja, in welchem Zustand wir uns befinden und was uns widerfahren ist."

Darauf werde ich mich unter den Thron begeben und mich vor meinem Herrn niederwerfen. Allah wird meine Zunge lösen und mir Lobpreisungen für Ihn eingeben. Dies werden Lobpreisungen sein, die Er noch nie einem vor mir eingegeben hat. Dann wird es

173 Musa (a.s.) erschlug beim Versuch einen Streit zu schlichten, einen Ägypter. Dies tat er aber ohne Absicht. (Vgl. hierzu: 28. Sura, Vers 15).

heißen: „O Muhammed! Erhebe dein Haupt! Bitte und es wird dir gegeben werden! Leg Fürsprache ein und sie wird erhört werden!“

Dann werde ich mein Haupt erheben und sagen: „O Herr! Meine Gemeinde! Meine Gemeinde!“ Und dann wird es heißen: „O Muhammed! Lass jene deiner Gemeinde, für die keine Abrechnung vorgesehen ist, durch das rechte Tor ins Paradies eintreten! Die übrigen Tore stehen ihnen und den anderen Menschen zur Verfügung.“

Bei Dem, Der Macht über das Leben Muhammeds hat! Die Entfernung zwischen zwei Torflügeln wird so groß sein, wie zwischen Mekka und Hedscher (in einer anderen Überlieferung: wie zwischen Mekka und Busra). [174]“‘‘[175]

Und der Gesandte Allahs (s.a.w.s.) sagte:

„Allah entsandte einen Seiner Diener zu einem Volk, doch sie bezichtigten ihn der Lüge und verletzen ihn am Kopf. Er wischte sich das Blut von der Stirn und sprach: „O Allah! Vergib meinem Volk, denn sie wissen nicht, (was sie tun)!“[176]“[177]

---

174 Hedscher ist eine Stadt in Bahrein und Busra eine Stadt im Süden Syriens. (Vgl. En-Newewi: El-Minhadsch Scherh Sahih Muslim (18 Bd.), Dar Ihya'u Turath el-Arabi, Beirut 1392, Nr. 194, B. 3, S. 69.)

175 Muslim: El-Iman: 194: Edna Ehlel Dschenneti; Nr. 327.

176 Hierbei handelte es sich um den Propheten Muhammed (s.a.w.s.) selbst. Im 10. Jahr seiner Prophetenschaft begab er sich mit seinem Gefährten Zeyd (r.a.) nach Taif, um die Einwohner der Stadt zum Islam einzuladen. Diese aber wendeten sich gegen ihn und ließen beide am Tag ihrer Abreise mit Steinen bewerfen, sodass sie blutend die Stadt verlassen mussten. Doch der Gesandte Allahs (s.a.w.s.) begegnete dem Hass der Einwohner nicht mit Gleichem, sondern bat den Erhabenen Allah um Vergebung für sie.

177 El-Bukhari: El-Edebul Mufred: Men lem yera bi Hikayetil Khayr be'sen; Nr. 757.